父母教练 | Parenting

推动摇篮的手推动世界

常青藤爸爸对话数学特级教师

每个孩子都能学好数学

陈凤伟　常青藤爸爸◎著

长江出版传媒｜长江少年儿童出版社

序

“教育改变命运”是我一直以来深信不疑的一句话。我从三线小城市一个平凡的、父母都没有上过大学的家庭起步，到耶鲁读工商管理硕士，到世界排名第一的投资银行高盛公司工作，再到创办目前已有百万粉丝的“常青藤爸爸”公众号，又到现在于哈佛大学就读教育学硕士，不敢说自己的成就有多大，但一路上的确看到了很多类似出身的同龄人所没有看到的风景，人生也因此变得更加丰富多彩。这一切，我觉得都要归功于家庭教育在学前和小学阶段对我的影响。

回顾成长之路，我觉得小学六年学习打的底子，至关重要。我的阅读习惯基本上是在小学时期培养起来的。虽然当时家里经济条件一般，但父母订阅的报刊、杂志数量之多，在同龄人的家庭里是很罕见的。而对于我的写作训练，最关键的时期也是在小学阶段。每周，老师都会布置一篇作文，而我妈妈会很用心地在周末审阅我的作文，写得不好的地方要修改到她满意为止。如果是文章结构或立意不行，整篇文章就要推倒重写。我的阅读和写作能力在这样的家庭教育环境下得到了很好的锻炼，语文成绩从小学到高中都是名列前茅，高考前几乎没花时间复习语文，也获得了全市前三的成绩。回头想想，我父母在我上小学高年级以后，几乎没管过我的学业，所有管教的精力，都花在小学中低年级，因为那段时间正是形成好的学习习惯，打下好的阅读、写作基础，培养数感逻辑的关键时期。

一转眼，我的孩子也快要上小学了，我突然感到有点惶恐。一直以来，我都致力于推广幼儿英语启蒙的理念，我对如何让孩子在快乐中自然习得英语，有很好的理论基础和亲身的实战经验——我的儿子在 5 岁的时候，经权威系统评测，英语阅读能力已经接近美国小学生二年级初的平均水平。而我从不“鸡娃”，所有启蒙都是在快乐的亲子陪伴中完成（具体方法请参考我的另一本书《别错过孩子英语学习敏感期》）。但是说到语文和数学这两个“主科”，我有点儿手足无措了，不知道该如何陪孩子度过这小学六年，才能帮他打好基础。我上小学已经是三十年前的事了，现在的小学语文和数学教什么，对学生有什么要求，老师的教学理念有什么样的变化，作为家长该如何在家“助攻”以全面提升孩子的语文和数学素养（而不只是提分)，我统统都不清楚!

我相信，和我一样感到惶恐的家长大有人在。毕竟，教育是不可逆的，这六年的时光，荒废了就不会再回来——这也是广大父母焦虑的主要原因之一。“常青藤爸爸”公众号创立以来，在教育界树立了很好的口碑，也积累了很多一般父母很少能接触到的资源，我们能做点什么来缓解广大父母的焦虑呢?

机缘巧合，在一年前我先后认识了原清华附小商务中心区实验小学执行校长、著名语文特级教师李怀源老师和芳草地国际学校副校长（原史家小学副校长)、著名数学特级教师陈凤伟老师。他们在“常青藤爸爸”公众号上各做了一期关于“语文启蒙”和“数学启蒙”相关话题的直播节目，反响非常强烈。两位老师开阔的视野、先进的教育理念、多年在一线的教学经验让他们能深入浅出地把学龄前、幼小衔接及小学阶段的重点问题讲得一清二楚，让许多家长茅塞顿开，当然也包括我在内。我在直播的时候，由衷地对两位老师说：孩子能有你们这样的老师，真的是三生有幸。

直播结束后，我就向两位老师再次发出邀请，希望他们能倾囊相授，把他们先进的教育理念和更多的家长分享。“这是一件功德无量的事！”我这么对他们说，也是这么相信的。

于是，我们用了近半年的时间，分别和李怀源老师、陈凤伟老师做了多次对谈，针对学前和小学期间语文、数学两门学科的学习特点、重点，以及各阶段孩子、家长普遍会遇到的问题，进行了详尽的梳理和解答。

这套书，不只是讲“术”的问题，更有“道”的讨论。因为每个孩子天生不同，育儿除了要学习实际的操作（“术”），更要学习更深层次的理念（“道”），才能更好地针对每个孩子的情况调整方法。

两位老师多年的教学经验，让他们对教育有着自己独到的理解，所以他们对“道”的讨论，也贯穿整本书。比如，什么叫启蒙？李怀源老师说：“蒙就是蒙昧，我们（教育者）所做的启蒙是指能够去除蒙昧——使孩子明白。孩子在生活中联系自我经历无意中就学会、领悟了的知识的深入性和持久性，这都是书本学习无法达到的。”教育的价值是什么？陈凤伟老师认为：“教育的价值就是要唤醒每一个孩子心中的潜能，帮助他们找到隐藏在内心深处的特殊使命，那件未开启但注定要做成的事！”两位老师在各个问题的回答中蕴藏的理念，都在提醒我们回归教育的本质：教育是人的灵魂的教育，而非理性知识的堆积（雅斯贝尔斯：《什么是教育》）。

所以，千万别把这套书当成孩子的“提分宝典”，而应把它当成陪伴孩子度过小学六年的指引。

教育不可逆，时光不复还。这套书里的对谈内容，凝结了老师们数十年的宝贵经验和从中感悟出的先进教育理念。希望这套书能够惠及更多家长和孩子们，让我们从“启蒙”开始，就沿循一条正确的轨迹，在孩子读小学这六年，帮其打下一生受用的良好基础。

于哈佛大学教育学院 Gutman Library

2018 年 11 月 24 日

目 录 Contents

如果您和孩子有更多关于数学学习方面的疑问，您可以通过微信扫码向老师提问。在页面中留下您的问题，老师会酌情进行解答哦！

前 言

用心做智慧家长，唤起孩子的自然成长力

作为一名小学数学教师，在与孩子朝夕相处的时光中，我有了得天独厚的视角和经历，因为我面对的群体是孩子。他们既有共性又有个性，特别是他们与生俱来的自然成长力，让我获得了丰富、丰厚、丰实的职业体验，获得了做教师的职业幸福。

所以我说：教学相长是道理，儿童是成人之师是真理。

儿童是成人之师！是他们教会了我如何做教师，如何做数学教师，如何在理想教育与现实的困惑之间，站在儿童立场，拉着他们的手，贴着他们的心，和着斗转星移的自然节拍，看日出日落，听花开花谢。

我坚信：教育的最终目的是成就孩子，让每一个孩子拥有幸福的能力。这也是我以本书开启和家长对话的根本原因。

每个孩子都是天使，每个孩子都有属于自己的特质，他们有独特的智慧、人格、品格、情感、态度。然而现实中，身为天使守护者的父母，是如何解读孩子的天性、认识孩子的属性、理解孩子的成长与成才的呢？

环顾四周，在天使到来之前，准爸、准妈就进入各种胎教方法、孕期课程的学习中；出生时，聘请月嫂护理；0~3 岁，早教培训、亲子教育；3~5 岁，各种启蒙课程、特长培训；5~6 岁，幼小衔接、学前班、入学考试攻略……好不容易上学了，又面临一年级入学的焦虑、三年级掉队的魔咒、五年级爬坡的预言……

因为职业的特性，我时常能接到年轻家长这样的询问：

宝宝几岁开始学数学？

5 岁的口算要达到什么标准？

一年级需要上哪些课外班？

二年级后的暑假要把三年级的课程提前学习了吧？

五年级需要有一对一的家教辅导了吧？

……

的确，异常丰富的教育市场与缤纷的教育产品，不仅让年轻的爸爸妈妈目不暇接，也让本应充满灵性、快乐成长的天使们苦不堪言。有些原本和美的家，因为小天使的教育问题，已经演变成硝烟弥漫的“战场”……

我们都从孩童时代走来，当步入成人世界，成为天使守护者时，却确认不了守护的责任，找不到合适的指导方式，给予不了需要的关爱！

是把自己曾经的成长经历在孩子身上复制一遍？

是想尽办法，在孩子身上“弥补”自己曾经的“缺失”？

是“屏蔽”孩子可能面临的一切“困难”，让天使在最“和风细雨”“春色满园”的人间无忧成长？

……

健康的成长环境，不仅包括社会环境也包括家庭环境，不仅包括物理环境也包括心理环境。孩子既是自然人，也是社会人，他们需要与自身、与他人、与自然、与社会、与知识和谐并进。

那么我们需要做什么，怎么做？尊重孩子的天性，依据发展的规律，唤起他们的自然成长力，提供成长的时空。让他们从认识自己开始，去主动认识他人、认识世界；让他们从发现自己开始，充满好奇，去创新创造；让他们从最真实的生活开始，亲近自然，自信笃定地迎接未来。

做懂得尊重的守护者。

孩子的第一需要是尊重。就数学学习来说，要读懂他们的学习感受，以数学知识为载体，为他们注入成长的数学基因，即在数学学习的经历和过程中，体验方法、积累经验、形成思想。让他们能够在日常生活和未来的工作中，以数学的眼光看问题，以数学的思维分析、解决问题，以数学的表达呈现问题解决的结果。

所以如果问：数学启蒙何时开始？开启的内容是什么？开启的方法有哪些？

那我的回答是：和孩子一起从生活的点点滴滴开始，开启的是生活中的数学，因为孩子发现生活数学的轨迹，就是一部浓缩的“数学发展史”。

4 岁时，孩子发现了“3+3 可以组成 8”，你知道这是为什么吗？

一年级，把一条绳子“一下儿剪成 7 段”，有什么妙招？

二年级，学习了计量单位，孩子的“测量日记”里会记录些什么呢？

三年级，随处可见的“估算”为什么不招孩子“待见”？

五年级，家长常用的解题神器——方程，为什么孩子不想用？

如果要问：

“不听话”的孩子怎么办？

作业写不完，家长怎么帮？

什么是“马虎”，孩子计算常出错是“马虎”吗？

建立“错题本”有用吗？

那我建议，家长要发自内心地欣赏每一个孩子，读懂孩子的成长节奏。尤其是孩子的“不听话”，那是有思想的标志。孩子的“错误”，更是成长的经验，是最宝贵的资源。

如果你在疑惑：

允许孩子用手指计算吗？

是不是越早记忆口诀，口算速度就越快，计算的准确性就越高？

为什么数字“3”的书写会出现反方向，为什么“6 和 9”会混淆，怎么解决？

……

那我要说，孩子眼中的世界和成人的确实不同。不妨俯下身，以孩子的视角看看，找准他们纯天然的起点，做一个“不直接抛出真理”的导航员，给孩子自我前行的机会，使他们在沿途获得丰富的自我体验，这是成长必需的经历。

做智慧呵护的开启者。

孩子是成长中的自然人。教育的价值就是要唤醒每一个孩子心中的潜能，帮助他们找到隐藏在内心深处的特殊使命——人生为一大事而来！每个孩子都是上天派来的探秘者，他们有着属于自己的使命，探索的进程也不尽相同。但是请相信：一花一世界，一叶一菩提，每个孩子都会有自然绽放的那一刻。

那你知道：

孩子的自然起跑线在哪里？

如何让以形象思维为主的孩子爱上数学？

最好的数学课程是什么？

……

这的确需要智慧来引领。但是这个“智慧”不是家长懂得多少数学，也不是教给孩子多少数学知识，而是让孩子发现真实的生活中处处都有数学的影子、数学的原型，他们需要学习“看得见、摸得着、用得上、有意思”的数学。

“看得见”的数学在包装盒、钟表、服装、锅碗瓢盆、桌椅板凳上；

“摸得着”的数学在积木搭建、拼图、火柴棍游戏、折纸和手工制作中；

“用得上”的数学在认识方向、找规律、分类整理、统计测量、解决问题中；

“有意思”的数学在纸牌游戏、数字谜、环形跑道、估算估测、“杆高影长”中。

给孩子用自己的眼睛去发现，用自己的头脑去思考，用自己的双手去创造的机会。这些机会不仅是孩子学习的需要，也是家长认识、了解孩子的需要！

有人困惑：

女孩子不适合学数学？

三年级掉队的预言，真的成立吗？

五年级的“坡”怎么爬？

小学数学学习的关键能力有哪些？

……

《礼记·学记》有云：记问之学，不足以为人师。面对孩子，我们有终生的必修课，那就是读懂孩子成长的自然属性、社会属性，让他们的自然成长力得到最大化的发挥，有“输出”才能有“注入”。

做定位准确的合作者。

孩子是发展中的社会人。他们从家庭、学校走向社会，需要从自我认知懂得个体和群体的关系，需要从自我需求懂得协调与合作，需要从自我判断懂得选择与接受。

要回答“学前需要什么样的数学学习？”这个问题，可以借鉴皮亚杰的观点：儿童的工作就是游戏。的确，孩子的很多经验都是来自“玩”。家是最好的数学教室，玩具就是生动的数学学具，家庭中的每一位成员都可以成为他们最好的学习伙伴。

作为伙伴，我们要将生活中的数学基因激活，遵循“对位、到位、不越位、留端口”的原则，创造自然的数学学习环境。

告诉家长朋友一个小秘密，其实小学数学知识体系的四个领域——数与代数、图形与几何、统计与概率、实践与综合应用，尽在“家庭教室”中。不妨重新审视一下自己、孩子和你们的家。

从“身上的数学”可以开始认识数、认识左右，手指是天然计算器。对了，身上还有度量的“尺子”呢！

厨房是数学学习的“资源教室”，一碗杂粮里蕴含着哪些数学元素？用水量、水费、食品质量等都有数学问题在其中。

客厅是家庭聚会的场所，别忘了这里也是和孩子一起与数学约会的好地界，“给客人沏茶”的时候可以用数学来合理安排，给“水果排队”能发现其中的数学规律，物品的体积和客厅大小更是最直观的图形与几何。

就“家”取材，因“人”制宜，这是孩子们最需要、最自然、最真实、最温情的生活课堂。切记，父母的教育影响力是有保质期的，千万不要错过。

陪伴是最深情的启蒙；尊重是最理智的选择；开启是最有效的策略；营建润物无声的绿色生态成长环境，则是家长最高境界的智慧课程。

新一代 70 后、80 后、90 后的朋友们，要成为有责任、懂尊重；有智慧，懂选择；有规划，懂协助的父母，这样才能给予孩子更多的理解和示范。

发自内心地去欣赏孩子、启发孩子、信任孩子，跟上孩子成长的节奏，拉着孩子的手，贴着孩子的心，沿着孩子的轨迹，用心做智慧父母，开启孩子的自然成长力，和孩子一起成长。

陈凤伟

PART

01

探寻真实的数学和数学教育

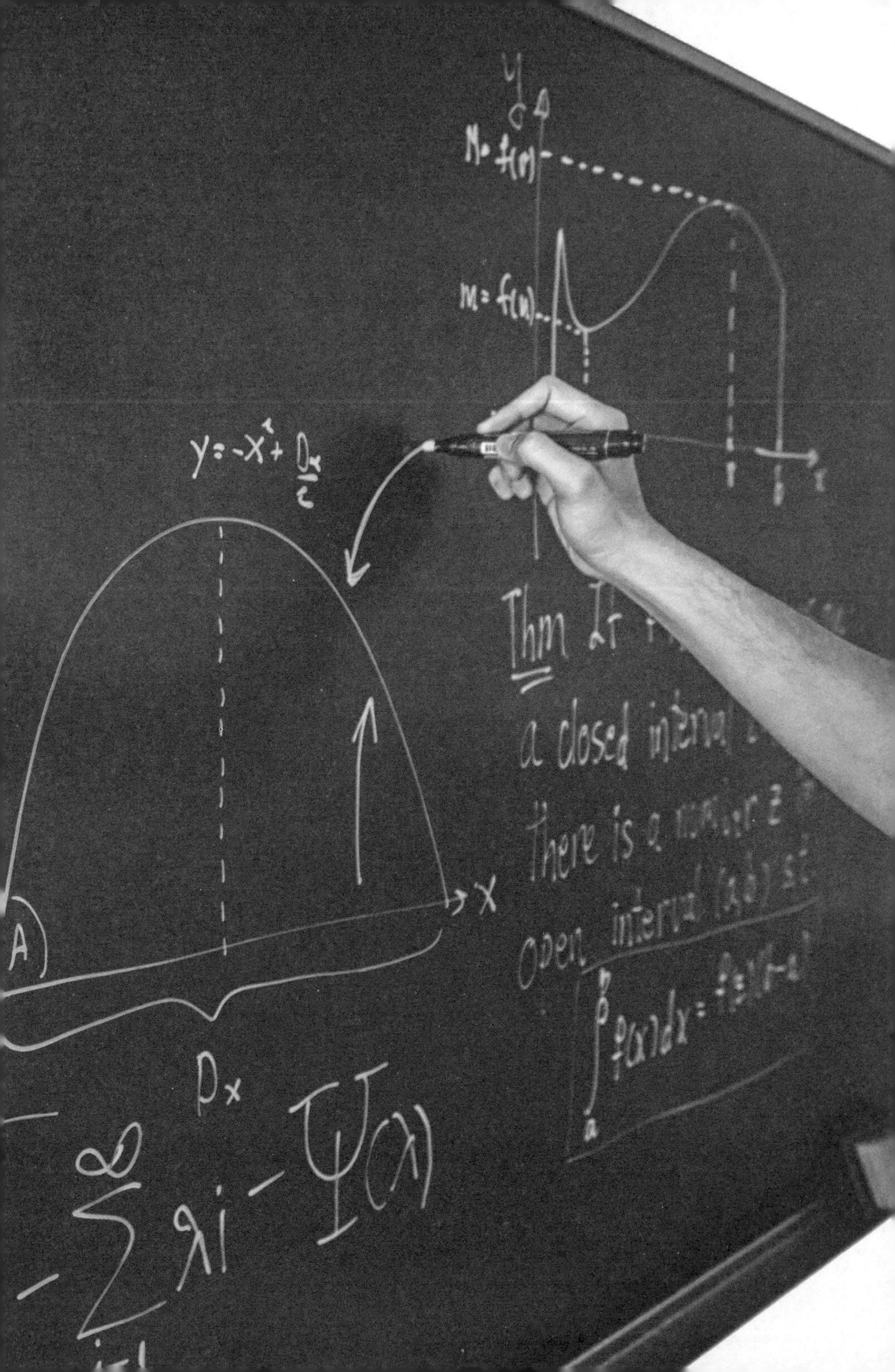
Thm
a closed interval
there is a
open interval

第一章

数学和数学教育的目的

生活中到处蕴藏着数学,在电子钟表上,有 24 时计时法，这是出现在小学三年级数学教材中的内容；在购物时，商品价签是以小数形式呈现的，这是孩子最直观的小数模型；迷路时，人们要看地图，要分辨东西南北，在小学数学教材中有关于“位置与方向”“用数对表示位置”等情境的呈现……

数学是什么?

▼

Q **常爸**：数学是我们从小就学习的一门基础学科，作为开启孩子思维逻辑的一个重要途径，数学一直是学校和家长们非常重视的一门课程。陈老师，您在名校从事数学教育多年，能否从您的角度给家长们谈谈“数学是什么”这个话题。

A **陈老师**：提到数学，最先出现在我们头脑中的是什么？是各种各样的数？是加减乘除、乘方、开方、微积分的运算？还是点、线、面、体的图形特征、关系证明、定理推导？其实数学远比我们看到的要生动、精彩，远比我们感受到的要普遍、深入，远比我们认识的要丰富、神奇。

孩子眼中的数学

相对于孩子的天性和鲜明的年龄特征，数学知识固有的抽象性显得有些严肃了。孩子眼中的数学世界是什么样的?

“生活就像一部机器，数学就是这部机器的一个重要零件。生活中的时间、数量、质量、体积、长度、计算等都是需要数学知识的。”这段话出自一位二年级的小学生，“如果农民不懂数学，他就不知道该种多少庄稼；如果商人不懂数学，他就不知道要找给别人多少钱；如果服装设计师不懂数学，他就做不出漂亮合体的衣服；如果医生不懂数学，他就不能根据病人的体重计算给药剂量；如果建筑师不懂数学，他就不知道该建多高的楼。”

二年级的小朋友，在学习数学的过程中，已经有了如此全面的观察和深刻的思考，正如他的感悟，“如果我们的生活中没有数学，就像沙漠中的人失去了需要的水……”

的确，生活中到处蕴藏着数学，在电子钟表上，有24时计时法，这是出现在小学三年级数学教材中的内容；在购物时，商品价签是以小数形式呈现的，这是孩子最直观的小数模型；迷路时，人们要看地图，要分辨东西南北，在小学数学教材中有关于“位置与方向”“用数对表示位置”等情境的呈现……

数学真的就在孩子的身边，是眼光、意识、思维方法和思想，是我们所有人的日常生活工具。

青年才俊感受的数学

说到这里，我想到了北京电视台《我是演说家》节目中以“数学之美”为主题进行了四次演讲的青年才俊游斯彬[①]。毕业于英国华威大学数学系的游斯彬，给我们带来了一场数学的文化盛宴：不仅列举了牛顿、爱因斯坦是如何用数学证明推动物理学广义相对论的发展，还例证了中国古代先贤的智慧数学。游斯彬的感悟颇有年轻一代的浪漫，他说：“数学的那种美，它是揭露宇宙星辰的一切力量，是一切科学的基础，乃至被称为万物之理的物理学，也得管数学叫爸爸。”

游斯彬初到英国时受语言影响，能听懂的课程就只有数学。所以他那如逢甘霖的感受，让他发出了“数学是人与宇宙唯一相通的语言”的赞颂。

受数学家笛卡尔向瑞典公主表白的“$r=a(1-\sin\theta)$心形曲线”启发，游斯彬也演绎了一场无果的数学之恋。阳光的数学男孩幽默而又真诚地说：“虽然姑娘没有爱上我，但我却因此爱上了数学，我越爱越喜欢，越喜欢越爱。数学

①**游斯彬**：毕业于英国华威大学数学系，第四季《我是演说家》全国总决赛选手，《世界听我说》两期擂主。

是一门无比美妙的学科，而且它伴随着伟大的力量。”

游斯彬讲述了1943年，在第二次世界大战北大西洋战场上，英美联军在与德国纳粹的关键角逐中，通过数学家运用运筹学成功“将海军战舰的击沉率从25%骤降至1%”，赢得了决定性胜利的权重，展示了数学的力量。所以何为数学？“数学是通往星辰大海的密钥，是国防科技的护盾，是我们脚下这片土地的未来。”

科学家憧憬的数学

爱因斯坦曾花费10年时间重修数学，为创建广义相对论打下基础，而这门数学就叫黎曼几何。

著名的毕达哥拉斯的“琴弦实验”，就是使用数学关系来表示音的跨度关系，这在那个数学体系不完善、音乐体系全无的时代，是非常伟大的做法。音乐家们还根据数学制定了基本音阶。数学真的成就了一批批艺术家，《蒙娜丽莎》《最后的晚餐》……一幅幅名作背后都蕴含了数学原理。

中科院院士李大潜②说：“古往今来数学的发展，不是后

②**李大潜**：中国国务院学位委员会批准的首批博士生导师，复旦大学研究生院院长。

人摧毁前人的成果，而是每一代的数学家都在原有建筑的基础上，再添加一层新的建筑。因而，数学的结论往往具有永恒的意义。”他还举了一个特别生动的例子：我们在医院里看到的 CT 这一先进的技术，它的本质是利用 X 光从各个不同角度所拍摄的众多平面照片，还原出体内物体（如肿瘤）的立体形状，这完全是一个数学问题。

数学作为研究现实世界中的数量关系和空间形式的科学，剔除了具体物质的具体特性，仅从数与形的角度来刻画整个世界，神奇吗？所以有人说数学和哲学类似，具有超越具体学科、普遍适用的特征。数学不是高深莫测、抽象缥缈的，它在现代建设领域起着关键性甚至决定性作用，数学家发出“高技术本质上是一种数学技术”的宣言。数学还以它真实、深刻、精准的品格融入并运用在自然科学、经济科学、人文科学中，成为研究、生产、生活的重要组成部分。

在这个变化迅猛的信息时代，从 4G 迈向 5G 的云计算、大数据、人工智能，其背后都与数学有着密不可分的关系，数学从来没有像今天这样热门和敏感。整个社会都在自然而然的进程中向着“数学化”迈进。

我想，此时每个人都有自己理解的数学了吧！

数学教育的目的是什么?

▼

A 陈老师:说到“教”数学和“学”数学,大家的脑海中会呈现出怎样的画面?是老师站在讲台上讲讲讲,学生趴在课桌上算算算吗?其实真的不是这个样子。

教育的目的是什么?

作为教师,我和我的同行们在教学实践中不断追问自己:教育是什么,教育的目的是什么?记得北京师范大学顾明远教授曾说:“教育就是要让每一个孩子都幸福。”

我们对孩子的爱、对社会的责任是通过教育来传递的。教育是否有价值,要看它是否实现了教育的目的。如果教育可以成就人,成就每一个人的幸福,那么我们的社会该多么美好。

虽然幸福的界定是多元的,但是我想表达的是:一个人知道自己是谁,知道自己可以做什么,并且有动力和自信朝着自己愿意做的方向去努力、去主动实现,他就一定是幸福的。

那么,教育的价值就是要唤醒每一个孩子心中的潜能,帮助他们找到隐藏在内心深处的特殊使命，那件未开启但注定要做成的事！

人生为一大事而来，每一个孩子都是上天派来的探秘者。

如果孩子们觉醒到真实的自己，潜能被开启，他们就有了强大的内驱力，从而主动地去探寻这个世界的秘密。这就是我们对孩子的期待，期待他们主动成长。

数学教育的目的

数学教育是以数学特有的体系、规律、特性全面育人，载体是数学，主体是孩子。《义务教育数学课程标准》（2011年版）中明确指出：义务教育阶段的数学课程是培养公民素质的基础课程，具有基础性、普及性和发展性。数学课程能使学生掌握必备的基础知识和基本技能，培养学生的抽象思维能力和推理能力；培养学生的创新意识和实践能力；促进学生在情感、态度与价值观等方面的发展。

数学课程面向全体学生，适应学生个体发展的需要，使人人都能获得良好的数学教育，不同的人在数学上得到不同的发展。

以这样的观点来看学校教育、家庭学习，就不能只是“讲讲讲、算算算”，也不能只是忙着让孩子上各种提高课程，更不能把提高数学考试的分数当作唯一目标。数学教育要符合学生的认知规律，课程内容的选择要贴近学生的实际，有利于学生体验与理解、思考与探索（2011 版“课标”）。

因此，我们看到基础教育阶段的数学教育，在注重孩子获取基本知识、基本技能、基本思想、基本方法的同时，还非常注重孩子们发现问题、提出问题、分析问题、解决问题的能力培养。围绕数感、符号意识、运算能力、空间观念、几何直观、数据分析观念、推理能力、模型思想、应用意识、创新能力这十个核心概念，培养孩子可持续发展的数学核心素养。

学校教育、数学教育在抛开具体的知识后，要给孩子们留下的是：走向成人社会所需要的数学必备品格和数学关键能力。

普通人为什么要学数学呢？

常爸：您说的数学教育很令人振奋，但很多人也会有疑惑，从小学到高中，甚至到大学的部分专业中，数学一直被我们当作主科来学习，所学的内容也越来越深奥，但是在日常生活中，真正能够用到数学中复杂而深奥的知识的人很少。那么，我们普通人学习数学的意义到底是什么呢？

A **陈老师：**其实，我们学习数学，最终得到的不只是数学公式、解题方法这些被写在教科书中的显性知识，还有在学习的过程中形成的思维习惯、思维方式、情感态度、价值观，以及数学特有的品格等隐性素养。

有人把学习数学的过程比作大脑在做“思维体操”。“思维体操”的训练，会让人养成严谨、细致、周密等思维品质，这些品质就是在学习数学过程中附带获得的隐性素养。由于它是以间接、内隐的方式产生的，所以人们不容易发觉，但是隐性素养要比显性知识更加深刻，甚至刻骨铭心。对于平时工作中不常用到数学的人来说，学习数学所收获的隐性素养也会极大地影响他们学习的效率、工作的品质，甚至生活的习惯。

因此，数学教育本质上是一种素质教育。纵观现实工作、生活，经历过数学学习积淀的人，更能掌控、规划、调整自我。在面对陌生、具有挑战性的问题时，或许并没有直接用上哪个数学定理、公式和结论去处理，但是数学学习过程中形成的思想、方法、情感、态度、价值观的效能，却在每一环节自然释放其积淀的能量。

这就是数学学习的价值，是数学教育追求的目的。

本章小结

※ 数学真的不是数数数、算算算，不是一个个公式、定理，更不是晦涩难懂的符号证明…… 数学真的就在孩子的身边，是眼光、意识、思维方法和思想，是我们所有人的日常生活工具。

※ 基础教育阶段的数学教育，在注重孩子获取基本知识、基本技能、基本思想、基本方法的同时，还非常注重孩子们发现问题、提出问题、分析问题、解决问题的能力培养。

※ 学校教育、数学教育在抛开具体的知识后，要给孩子们留下的是：走向成人社会所需要的数学必备品格和数学关键能力。

A=πr²
C=2πr
a²=b²+c²
12+18=30
185×973
PV=nRT
H₂O 2Fe
NO₂
V=πr²h
PV=nRT
2Na+Cl₂
NH₃

第二章

孩子和他们的数学学习

现实中说到要学好数学，好像总离不开“刷题”。想要水平再高些，就得掌握除了性质、公式、定理以外的一大堆解题套路。

为此不惜违背孩子自身发展的认知规律、成长规律，让外在的层层压力掩盖了他们的自然成长力。

现实中的学习之霾

▼

Q **常爸：**不可否认，在我们生活的环境中确实存在功利的成分，但我们不希望教育领域受其影响。现在很多家长已经意识到这个问题的重要性，想要建立教育，尤其是数学教育应当秉持的原则，希望能在纯粹的观念下去教育孩子。那么，对待孩子数学学习的基本原则应该是什么？

A **陈老师：**在和孩子们朝夕相处的时光里，从教数学到教学生，我现在最深刻的感受是：我和孩子们一起“学”数学。

现实中说到要学好数学，好像总离不开“刷题”。想要水平再高些，就得掌握除了性质、公式、定理以外的一大堆解题套路。

为此，就让孩子们上各种学习班，大量、反复地做各种练习题……在功利化的驱使下，什么方式能够“短平快”见效，更直白地说，什么方式能够立竿见影地看到分数在提升，就让孩子用什么方式学。

为此不惜违背孩子自身发展的认知规律、成长规律，让外在的层层压力掩盖了他们的自然成长力。与此同时，也屏蔽了数学本身的体系规律，偏离了数学教育的根本意义。

要知道这些短期见效的手段，遮蔽了数学的本质和应有的光彩，让孩子在“伪数学”的消耗中、在题海战术的消磨中，失掉了感受真正数学的机会。

孩子是发展中的人，尽管不完善，但是他们有着自己的思想、意识，是活生生的灵动的个体，他们有着自身的文化背景。这种僵化的学习，让本应好奇、好问、好学的孩子，成为了“被学习”的容器。

所谓不输在起跑线上的超越，恰恰为日后学习的可持续发展制造了厌学的阴霾。

开启绿色数学之旅

▼

A 陈老师：要驱散孩子的厌学阴霾，开启绿色的数学之旅，可以从下面几个方面展开。

第一，读懂孩子的成长节奏——“3+3 可以组成 8”？

和孩子相处，就要懂得他们，要读懂他们的所思、所想，读懂他们成长中的需求，读懂他们外在表现背后的原因。

记得我的孩子在 4 岁左右的时候，有一次向我提了一个问题：“妈妈，我知道 3+3=6，但是你不觉得 3+3 也可以等于 8 吗？”我有些诧异。她给我画了起来，左边一个反方向的 3，右边一个正常的 3，正好“画”成了 8！

作为一个数学老师，此时我应该给她讲加法的道理吗？她能接受吗？我克制了自己，我知道此时她对“3”是什么还处于半具体、半符号的模糊认知阶段。

所以我很惊奇地回应她：“你太了不起了，居然用正反两个 3 画出了一个 8！”这种认同带给她的是心理上的安全感，孩子在安全的状态下才能有进一步的沟通效应。

接着我向女儿建议："摆出6个小圆片看看，再摆出8个看看，比一比，你发现了什么？"女儿发现6个和8个不一样，我顺手把她摆的6个圆片分成3个和3个的样子，问："这样还是6个吗？"女儿表示认可。"那3+3是等于6还是8？"女儿回答："当然是6呀！"

那是不是到这里她就真的理解了"3+3=6"？是否真的明白"画"的"8"不是8？是否真的确认3的正确写法？是否真的知道反着写就不是3了？

我让女儿在纸上写一个正确的、大大的3，拿起这张纸，将3的开口对着镜面。哦！她发现了她写的"3"和镜面中的"ɛ"合在一起就是她先前画的"8"。

儿童的学习受限于个人的认知水平，6岁以下的儿童对于计算是有困难的。不苛求她有什么精准的数学理解，只要她有所意识，感悟出此"8"不是真的8就可以了。以后她会逐步澄清，直至真正理解。

孩子真的是成人之师，顺着他们的视角不仅能发现问题，还可以受他们的启发，进一步找到解决问题的有效方法。

我们需要做的是以他们纯天然的状态为起点，给予适时、适度的协助，做一个"不直接抛出真理"的守护者，让他们与生俱来的能动性得以发挥和发展。

生活中孩子们会随时随处看到、听到、获得新信息，这是他们与环境接触的必然产物。要给他们机会用自己的眼睛去发现，用自己的头脑去思考，用自己的双手去创造。这些机会就是他们进步、成长的契机。

不要觉得他们的方法稚嫩，也不要笑话他们的思考没章法，要看到信马由缰的前方是有序的归纳和提炼，要看到稚嫩发明的背后是即将到来的深刻领悟和创新发展。

这一切需要时空，给孩子成长的时间和空间，他们的天然成长力就会在探索中智慧花开。因为探索是人生存的本能，在孩子还不能理解“探索”这个词的含义的时候，他们就已经迈开了自己蹒跚的脚步。

第二，对接孩子的生活经验——看得见、摸得着、动手做。

成长中的孩子是有其发展阶段性规律的，让以形象思维为主的孩子喜欢上数学，的确需要智慧引领。怎么才能够像数学大师陈省身说的那样让“数学好玩”呢？

每个孩子都有其独有的经历，孩子需要在对接中学习。对接他们的生活经验，让他们感受数学就在身边，是看得见、摸得着、用得上的，这是重要的数学认知基础，也是孩子积累的“数学原型”。

让·皮亚杰[③]有一句名言：儿童的工作就是游戏。孩子的很多经验都来自“玩”，孩子的玩具也是他们数学学习的工具。比如，积木有各种质地、形式的，无论是外在的形状，还是孩子们搭建的过程、搭建的作品，都是数学的画面。比如最普通的木头积木，木块上的点、线、面、体，木块拼搭时的位置关系，构造出的新形状，都会清晰地印在孩子的头脑中。这些都是小学数学学习中“图形与几何”的表象积累啊！

小学数学教材中关于“图形与几何”的学习，也是以各种包装盒、生活器皿、家具等实物呈现的。将这些生活物品的直观形状，逐步转化为数学中的图形，让孩子从数学的角度把握图形的特征和关系，然后进行求积计算方法的推导，促进孩子空间观念的发展。

还有很多家长选择磁力片、磁力珠、磁力棒、魔方等，这些益智玩具都是非常好的数学学习工具。孩子在娱乐的过程中会积淀下操作的经验、想象的画面、设计的构想。

孩子的经验来自真实的生活。小学数学的知识体系分

③**让·皮亚杰**：近代著名发展心理学家，他的认知发展理论成为了这个学科的典范。

为四个领域：数与代数、图形与几何、统计与概率、实践与综合应用。生活中随处可见的物品都可以成为学习数学的工具，如火柴棍、扣子、纸张、豆子、水果、钟表、衣服、水瓶、小球、尺子……

这些物品可以用来计数、认数、算数，还可以用来认识时间、认识图形、找规律，进行简单的排列组合、分类整理、统计与概率、测量、解决问题，等等。

比如“小数的认识”，就是借助生活原型“元、角、分”的关系，整体、直观地解读小数各个数位上的计数单位和相互关系。

第三，提供操作的体验机会——孩子的测量日记。

孩子学习的重要方式之一是自由地对环境进行探索。无论是在环境里的身体运动，比如体育活动、文娱活动，还是在环境里的心理操作，比如提出问题、解决问题，主动参与都是非常自然、有效的学习方式。

孩子在亲自触及有意思的事物时，萌发一探究竟的愿望，进而才有可能发现其意义所在，而意义的感受又生发了继续探索的需求，所以亲身操作的体验是孩子认知发展的重要途径。

上学之后的孩子依然保持着这样的特点。与孩子研究数学问题的时候，经常发现他们在没想明白，或者是说不清楚的时候，本能地需要动手做一做，比如画一画、量一量、折一折，等等，让模糊的思绪在操作中可视化，使手、眼、脑充分结合，让思维在操作中延伸下去。

在一年级的数学教材中有“身上的尺子”这一节，孩子们是怎么学的呢？他们获得了怎样的感受？下面是一篇孩子写的关于测量的数学日记。

最近刚刚学过长度单位米和厘米，知道了我的食指宽度大约是1厘米，我伸开双臂的长度大约是1米……我走到哪里就用它们量到哪里，课本的宽度大约是14厘米，书包的宽度大约是30厘米……

正在我异常兴奋的时候，妈妈让我量量书桌的长。我立即伸出食指测量起来，没想到妈妈见状笑个不停。我被妈妈的笑提醒了，书桌这么长用手指得量到什么时候呀！于是我灵机一动伸出了“一拃长”……我明白了，要根据具体的长度选择合适的测量工具和单位。

这就是孩子操作中的感悟，是“有用的”“活的”数学。

正如美国学者吉姆·罗杰斯④所言：倘若要使学生全身心地投入到学习活动中去，就必须让学生面对对他们个人有意义的或有关的问题。

因此，有意思、有需求、有意义的操作活动，不仅为孩子的学习积累看得见的经验，也积累了“看不见”却非常重要的学习情感的经验。

第四，营建阅读与对话的环境——多元的阅读伙伴。

著名语言学家莱纳德·布龙菲尔德⑤说过：“数学不过是语言所能达到的最高境界。”提高孩子的数学能力，阅读也是很重要的实现方式。

数学阅读不仅是语言文字的阅读，还包括数学特有的符号、图示、图表语言的阅读。

在有条件的情况下，还有另一个很重要的部分——数学历史的阅读。给孩子讲一讲数学发展史的故事，可以从听得懂的开始，像数、数字的产生，符号的发明，等等。

即使孩子不知道代数、微积分、黎曼几何是什么也没

④**吉姆·罗杰斯**：美国著名投资家，大学教授及作家。
⑤**莱纳德·布龙菲尔德**：美国语言学家，北美结构主义语言学的先导人物之一，大学教授及作家。

关系，可以让他们了解一些历史上“数学”的丰功伟绩，包括现在的云计算、大数据、人工智能，都体现着数学的神奇。让孩子看到数学的奇妙、数学的力量、数学的美，告诉孩子数学的发展是伴随着社会文明的所有重大进程的。

阅读还可以不限于书本，可以“阅读”伙伴、家长、老师，要积极与之对话。巴西教育家保罗·弗莱雷[6]说过：没有对话就没有真正的学习和教育。要将“知识”变为“话题”，将“说教”变为“聊天”。与孩子的“对话”学习，不是对孩子讲了多少，而是说了多少孩子能听懂、理解的话。

注意对话必须是“平等”的，不能“以大欺小”。要收起我们的“威严”，既然是“对话”，就要让孩子有安全感，安全了才能聊得下去，才能说真话，才愿真听话。也只有在安全的心理环境下，孩子们才能精神放松，才能精力集中地投入到深度的思考中，思维才能打开、延伸下去。

语言是思维的外化，在对话中孩子才能“整理”自己的思考，在对话中我们才能“看到”孩子的思维进程。

⑥**保罗·弗莱雷**：世界著名教育家、哲学家，提出了以培养批判意识为目的的解放教育理论。

孩子是成人之师

▼

Q **常爸：**在我们教育孩子的过程中，不仅是家长教育孩子，其实孩子也反过来教育了我们。因为如果没有孩子，家长也许不会有这样系统、完整的机会，去探索数学和教育的奥秘。

A **陈老师：**是的，孩子是成人之师。

我们面对孩子时应当有三层视角：俯视、平视和仰视。俯视已经在前面的解读中明确，就是要把孩子当成孩子。

平视——透过孩子的眼睛看问题

举个数学教学中的事例——估算。小学教材中关于“估算”的学习，是很多孩子不喜欢的。不用算，“估一估”就可以，怎么还不喜欢呢？

生活中，我们一般情况下都用估算来解决问题。这和孩子的认知有很大距离。家长们想过这是为什么吗？

因为“估”要有标准可参照，标准来自哪里？来自生活经验。但是孩子呢，他们缺少的恰恰是实际生活中的经验，他们没有参照的标准。

从开始数数起，孩子们就要“准确”地数。进入计算的学习后，就要“精算”了。

忽然插入一段“估算”，对他们来说确实是打破了习惯认知。为什么要估算？什么时候用估算？估到什么程度？孩子们感到很困惑。

再举个“方程”的例子，这也是我们成人喜欢用的解决问题的方法，但是孩子依然不喜欢。这又是怎么回事呢？

孩子进入学校后的数学学习，一贯用逆向思维的“算术法”解决问题，忽然要调转思维方向用顺向思考的方程法，他们的确不习惯。加之还有语言转换、概括思维、关系能力、运算能力等问题，孩子面前的方程远没有我们眼中的那么容易。

谁要是不信，让远离小学许久的家长们用“算术法”解几道题试试，肯定会有一批人败下阵来，还会有更多的人偷偷地求助方程。

所以，不要以我们大人的思维、视角想当然地去断定孩子应该如何，要透过他们的视角、思维方向去感受，找到真正能促进他们发展的契机和有效的方法途径。

仰视——静心品读孩子的言行

什么时候该仰视孩子们呢？其实我们静心观察、仔细品味孩子学习中的表现，特别是他们在解决问题时的奇思妙想，都会受到很多的启示。

这是一个发生在数学课堂上的情境——“一下儿剪成7段”的创造。

在一年级的教学中，遇到这样一个问题：把一根绳子剪成7段，要剪几次？数学教师都知道可以用“数空儿”的方法,即“剪的次数＝段数－1”来解决。于是，我用绳子做直观演示，孩子很快得到需要剪6次的答案。这时，有人小声地发问了：“剪的次数比6次少可以吗？”“不行！”立刻有孩子大声反对，“那就剪不成7段了。”看到这种情境，我没有急于发表意见，而是反问：“剪的次数少于6，能得到7段吗？”孩子们面面相觑，紧接着叽叽喳喳地讨论开了。

于是我激发他们："你们想不想自己试试看？"孩子们立刻不吵了，拿起桌上的绳子摆弄起来。不一会儿，就有孩子兴奋地举着剪好的7段绳子高兴地说："老师，我只剪了2次，就得到7段了！"我让他展示给大家看，孩子是把绳子绕了几次后，从两端各剪一下。看到这里，又有孩子喊道："那剪1次也行吧？""真的行吗？"多数人疑惑地望着我求助了。

无奈，下课铃声响了，我把问题返还给他们："回家动手试一试吧，看能不能找到剪1次就得到7段的方法。"

课后，一位家长打来电话兴奋地说：孩子回家就吵着要绳子，自己绕来绕去，试验了好几次，终于一下子就剪成7段。孩子激动地把成果粘在铅笔盒里，对妈妈说："以后我一看见这些绳子，就能提醒自己多想、多做、多找好办法，会越来越聪明的。"

由于有了对孩子认知的尊重，对他们奇思妙想的理解，就有了这"一下儿剪成7段"的创造。

所以要善待童趣，呵护童心，欣赏儿童的自主性，用智慧和心灵仰视他们，和他们一起探寻数学的有趣、奇妙和意义。

《礼记·学记》有云：记问之学，不足以为人师。作为老师和家长，我们都有终生必修课，那就是读懂孩子，和孩子一起“zài”成长，“zài”既是现“在”也是“再”一次。

孩子真的是成人之师！

本章小结

※ 所谓不输在起跑线上的超越，恰恰为日后的可持续发展制造了厌学的阴霾。

※ 和孩子相处，就要懂得他们，要读懂他们的所思、所想，读懂他们成长中的需求，读懂他们外在表现背后的原因。

※ 孩子真的是成人之师，顺着他们的视角不仅能发现问题，还可以受他们的启发，继续以他们的视角找到解决问题的有效方法。

※ 每个孩子都有其独有的经历，孩子需要在对接中学习。对接他们的生活经验，让他们感受数学就在身边，是看得见、摸得着、用得上的，这是重要的数学认知基础，也是孩子积累的“数学原型”。

※ 孩子学习的重要方式之一是自由地对环境进行探索，无论是在环境里的身体运动，比如体育活动、文娱活动，还是在环境里的心理操作，比如提出问题、解决问题，主动参与都是一种自然、有效的学习方式。

PART

02

0~ 6 岁：家庭数学启蒙

第三章

数学启蒙之孩子篇——绿色的数学启蒙

家长要懂得和尊重学龄前孩子自然人的特性，让他们在没有压力、亲切和缓的状态下去感受数学，以呵护孩子的天性为前提，给予他们一种保护性的开启。

数学启蒙何时开始？

▼

常爸：一提到数学启蒙，很多家长就想到了教孩子数数和算术，而且一般都会在孩子两三岁的时候就开始。陈老师，您认为数学启蒙应该从几岁开始？

陈老师：数学的启蒙和其他知识的学习一样，重要的是从孩子发展的自然规律出发。至于几岁开始，皮亚杰的认知发展理论，将个体从出生到成熟的发展过程分为了四个阶段。0~2 岁属于感知运动阶段，2~7 岁属于前运算阶段，这个时候他们开始通过表象、言语以及一些符号形式来表征内心世界和外部世界的联系。6 岁以下的儿童进行加减法学习会非常困难，所以，不主张那么着急开始学习。即使开始了，也一定要融于孩子的生活中，贴近最自然的生活状态。

感知运动阶段（sensorimotor stage，0 ~ 2 岁）：这个阶段的儿童是通过探索感知觉与运动之间的关系来获得动作经验，认识事物的顺序是从认识自己的身体到探究外界事物。认知能力的发展是从对事物的被动反应到主动探究。

前运算阶段（preoperational stage，2～7岁）： 进入前运算阶段，儿童的言语与概念以惊人的速度在发展。儿童在感知运动阶段获得的经验和反馈，在这一阶段已经内化为表象或形象，能运用语言或较为抽象的符号来代表他们经历过的事物。但是他们还不能很好地把自己与外部世界区分开来，认为外界的一切事物都是有生命的，一切都围绕着他转，判断事物多从一个维度来进行。

学龄前的孩子在6岁以下，他们的认知活动需要用眼睛看、用手去触摸，用不那么完整、准确的语言来表达，有时候是自言自语。他们还经常赋予生活物品活的角色，认为这些物品有生命、会冷、会不高兴、会疼，是和他们一样有感觉的。所以既是生活在真实的生活中，也是生活在他们自己创造的虚拟童话情境中。

因此，建议家长依据感知运动阶段和前运算阶段的规律特性，在孩子成长的自然环境中，在孩子平常真实的生活环境中，与孩子开启数学的自然启蒙。这自然启蒙，应该是和人的自然属性相一致的。

数学启蒙的内容有哪些，具体该怎么做？

▼

Q **常爸：**对孩子的数学启蒙，应该在生活的真实场景中进行自然启蒙，那具体的启蒙内容有哪些方面呢？

A **陈老师：**我赞同自然启蒙要关注孩子的生活环境，生活中处处是数学，这是最亲切、生动、有意义的“教材”。数学启蒙是“润”的持续，最高的境界应该是“润物无声”。

基于此，家庭的数学启蒙是不同于学校教育的。家长不用刻意效仿老师那样教孩子，而是可以利用家庭的环境特点，融于日常的生活场景，自然但是却很用心地选择一些具体的事物，运用其中的数学元素和孩子交流。

家长要懂得和尊重学龄前孩子自然人的特性，让他们在没有压力、亲切和缓的状态下去感受数学，以呵护孩子的天性为前提，给予他们一种保护性的开启。

所以结合孩子的生活环境，可以从这几方面的认知开始。

关于数的概念

数的概念包括数的多少、大小比较，针对具体物品的数数、计数、算数等，注意都要结合具体的场景、具体的物品，在活动中进行。不要追求对大数的认识，因为小学一年级结束时学生才学到“100以内数的加法和减法”。所以，学前启蒙的重点在于建立具体事物和抽象数的关系，从具体的数量，到抽象的数，再返回具体的数。并且利用多种感官，在多种变化的场景下真正认识数。

例如：从建立一一对应的关系，到初步认识抽象出来的数。

三岁以内的孩子对于1、2的认知会比较快而且特别清晰，但只要超过3，就需要孩子认知上有所突破了，因为3是“群”的概念了，当3个以上东西出现时，幼儿就需要借助身边具体的事物来帮助他计数了。很多孩子会去掰手指，用手指指代具体的3个苹果或3只小狗，并进行一一对应的确认。

所以，当孩子进行数数、认数时，只要是他们眼前能够看得到的东西，都可以用来帮他们建立“物和数”的对应关系，积累的数量表象越多，抽象得就越顺利。

Q **常爸：**所以数学的启蒙应当从生活中具体的事物着

手，不能一开始就灌输抽象的数字和算术。

A **陈老师：**是的，抽象的知识学得越早，孩子日后的学习困难就越大。在孩子生理、心理尚未发展到那个阶段的时候，家长不应该就我们的主观要求去“催升”孩子的发展。处于前运算阶段的孩子，他眼睛里看到的、头脑中想到的，和他能够表达出来的可能是有偏差的，需要在不断与外部的感应和对接中，逐步协调统一。

关于形的概念

让孩子从身边物品的形状开始，认识各种立体的、平面的图形，在触摸的游戏中感知图形的特点，感知图形之间的关系。比如“立体块钻洞”“拼一拼”“搭积木”，等等。

Q **常爸：**皮亚杰的认知发展理论认为，孩子在前运算阶段（2~7岁）习惯于借助具体事物进行思考，思维的内容和形式不能完全分离。

A **陈老师：**对，就是说孩子要借助实物去理解抽象的概念。刚才讲到了关于数的认识，其实形的认识也是这样。不管是正方形、三角形还是圆形，家长可以听听孩子怎样给这些形状起名字，孩子可能会叫它们“方块、三角、圆圈”。

面对这个情况家长不用忙着纠正，“看，这样的图形就是长方形”“四个边都一样长的是正方形”“有三个尖角的是三角形”。可以把长方形、正方形和长方体、正方体的物品或图形都给孩子，让他们说说哪个是他所说的那个“方块”，其他的和这个方块哪儿差不多，哪儿不一样？并且也不是一次、一时的比较就可以完全分辨清，因为孩子的认知维度有限，多几次认知是有益处的。

启蒙，就要允许孩子有懵懵懂懂、辨析不清的过程，在多次、多场景下不断地完善看到的、感受到的，和真实的事物属性之间逐渐趋于守恒。

反之，如果我们一开始就直接告诉孩子这叫长方形、那是一个正方形，这是圆形、那是三角形……用名称记忆代替了真正认识的过程，图形表象没有在头脑中形成，这样不仅会造成名称混淆，而且当需要抽象提取的时候，孩子的资源库是空的。所以数学启蒙贵在给孩子储存具体的资源，储存得越丰富越好。

Q **常爸：**关于“形”的启蒙，除了利用具体的实物进行引导，还可以用什么样的方式呢？

A **陈老师：**根据身边的现成资源，方式也是多样的。现在市场上有很多玩具是可以让孩子在玩的过程中感知形状的，比如有一种形状配对玩具，里面是一个空的容器，外面的盖子上有圆形、三角形、正方形、梯形等，孩子要拿着各种各样形状的木头块找找哪个孔可以放进去。这个玩具结合了立体图形的特点、平面图形的转换，玩的过程就是在培养孩子的观察能力、操作能力、空间观念。这样的玩儿，是很有意义的“形”的启蒙。

Q **常爸：**很多孩子小时候也玩过类似的玩具，但有的时候他会拿一个小的圆柱体，扔到大的长方形孔中，或者把一个小的正方体塞进大的圆形孔里去，这样他也放进去了，有的家长会认为他这样玩并没有获得有关形状的认知。

A **陈老师：**孩子这样做让我们看到了不一样的思维啊！

就得“一模一样”才是符合标准，这是我们的思维定式。孩子没有这样的“定式”，在他眼睛里“能够钻过去”就行。孩子这样的观察和操作表明，他不仅比较了形状，还比较了大小。

可以看出孩子的思维是比较发散的，与孩子之间的沟通，不能以成人固定、模式化的思维去衡量，不能因为他们的方法没有“严丝合缝”就判定孩子是错的。

我们不妨也换个角度，给他们提不同的“标准”：“钻过去”是一种标准，“一模一样”又是一种标准。标准不同，结果当然可以不同了。

Q **常爸：**孩子心理、生理都有一个发展过程，要循序渐进地解读孩子的行为，这样的“错误”不能算作“错误”。家长如果有心，可以将“错误”变成资源，让孩子在“变换标准”中学会比较和辨析，不但有了初步的“标准”意识，而且思维会更活跃。还有其他的启蒙方式方法吗?

A **陈老师：**家长还可以利用孩子写写画画的爱好，培养他们的符号意识。用他们认识的简单图形、符号，还有他们自己发明的符号、图示，创作他们的图画故事，并且讲给别人听，让孩子的思维在现实和想象中自由穿梭。

关于解决问题

当孩子置身于具体场景的时候，让他们去看、去发现，听听他们有什么问题，鼓励他们想办法、出妙招。

在安全的前提下，让他们去尝试一下，看看又有什么问题、有什么发现。不期待一定解决，只要不断地想办法、有办法、有感受就是最好的结果。

孩子的感受是敏感而丰富的，处于前运算阶段的孩子更需要关注自己。孩子只有认识了自我，才能在自己和周围事物对接的过程中，学会认识他人、认识周边、认识社会。

现在，经常说孩子没有创新意识。其实这和大人给予他们的教育环境、教育方式密切相关。

许多孩子从小在家庭中被教育要乖巧、听大人的话。长大了之后他们就“长心眼”了，他们说话做事都先去揣摩别人的想法，他们的世界里充满了别人的想法、观点和态度，完全没有了自己的思想、思考和主张，何来创新？

本章小结

※ 数学的启蒙和其他知识的学习一样，重要的是从孩子发展的自然规律出发。

※ 家长要懂得和尊重学龄前孩子自然人的特性，让他们在没有压力、亲切和缓的状态下去感受数学，以呵护孩子的天性为前提，给予他们一种保护性的开启。

※ 要关注孩子的生活环境，生活中处处是数学，这是最亲切、生动、有意义的“教材”。数学启蒙是“润”的持续，最高的境界应该是“润物无声”。

2CrO3 + 3H2SO4 → 3 Ph + Cr2(SO4)3 +
(a+b)·(a-b)=a2+b2
C19H21
P(x)=2x·50
2x3+8 4+4=245x
x=3
y=4
x·y=12
x-y=z
5x5=25
Axb
y+x=20
46-3=45

第四章

数学启蒙之家长篇——生态的数学启蒙

对于幼童的启蒙，父母是当之无愧的第一任老师。然而，父母担当的这个“老师”不同于传统意义上授业解惑的老师，而是开启孩子心智、关注孩子身心全方位发展、帮助孩子建立各方面能力的老师。

关注孩子的自然起跑线

▼

Q **常爸：**父母要注意哪些要点，才能在孩子启蒙教育的同时，不违背孩子的自然规律和认知发展规律，不过分地从行为、思想上约束孩子，还能在关键之处给予孩子必要的促进，发展他们的自我认知和自主能力？

A **陈老师：**著名教育家陶行知⑦说：生活即教育。所以家长最需要秉持的原则是把启蒙教育的观点、行为嵌入到孩子的真实生活中。以生活为场景、途径，筛选必要的元素，营建生态的启蒙环境。任何以破坏孩子成长规律为代价的“速成”都必须摒弃。

Q **常爸：**在孩子进入小学之前，很多父母会充当孩子的数学老师，给孩子教很多数学的知识。您认为，在数学启蒙中，家长应担当什么样的角色呢？

⑦**陶行知：**中国人民教育家、思想家，对中国教育的现代化做出了开创性贡献。

A **陈老师：**对于幼童的启蒙，父母是当之无愧的第一任老师。然而，父母担当的这个“老师”不同于传统意义上授业解惑的老师，而是开启孩子心智、关注孩子身心全方位发展、帮助孩子建立各方面能力的老师。

有个朋友对我说，他的儿子在幼儿园里年龄最小，行为表现显得比较慢。幼儿园老师提示他说，孩子和别的小朋友差距比较大。朋友就开始焦虑，于是就对孩子进行“补课”，过程中自然会有不满意的状态出现，联想到老师的“单独提示”，忍不住吼道：“教半天还不会，你怎么这么笨！”这时孩子露出惊恐的眼神，继而委屈地哭了……

像这样的例子在学龄前乃至上小学后都很常见，孩子年龄越小，差距越明显。作为家长，着急的心情可以被理解，但是必须学会克制，因为若此时给孩子营造出紧张的氛围，情况就会越来越糟糕。家长在和老师沟通后，应该要给这样的孩子减压，给他们寻找成功的契机，给他们信心。如果让孩子形成了“我不行”的不自信认知，那就真的要“输在起跑线上”了。

孩子有其共性，但是因其个性形成的自然起跑线，才是真正必须给予呵护的。

注重过程，延长收获“心理线”

▼

Q **常爸**：家长如何把握启蒙教育的进展和分寸，特别是过程和结果的关系呢？因为家长觉得总不能一味顺其自然，只耕耘不收获啊。

A **陈老师**：是的，启蒙是开启的教育，肯定要注重过程，但绝不是不要结果，而是要延长收获的“心理线”，耕耘在当下，收获在明朝。不要觉得今天给孩子讲了时间，孩子就得马上会看钟表了，这对学龄前的孩子还是有一定难度的，需要给孩子一段时间去尝试、经历和消化。

很多家长热衷于教一两岁的孩子认读数字，教两三岁的孩子做加减法，这是逾越孩子生理线的。当然，我不否认有“超常”儿童，即使超常也是在过程中显现出来后，再去加强针对性培养。

我们起到的是一个开启性的作用，至于孩子理解到什么程度，什么时候能够彻底掌握，需要一个循序渐进的过程。

Q 常爸：启蒙就像是一扇窗口，孩子只是探出窗户向外看，还没有走出门去，所以不要期待这个时候孩子就能够拿回果实给我们。

A 陈老师：是的，不能把学龄前的启蒙和上学后的学校教育相提并论。这两者之间存在着孩子生理、心理、认知发展的“时间差”。

学前启蒙，是以“浪漫”的方式让孩子开启学习之旅。

“浪漫”表现在让孩子经历多种多样感官上的刺激，让他发现周围、认识自己，建立世界和自己的种种联系，等到孩子和他周围的东西契合在一起了，他就变得专注了。专注到一定程度，孩子就会进入比较深入的学习阶段，期待的收获才会自然结果。

进入学校学习的孩子逐步进入“具体运算阶段”（皮亚杰的认知发展阶段 7~11 岁），按照《义务教育数学课程标准》的要求，“使学生理解和掌握基本的数学知识与技能，体会和运用数学思想与方法，获得基本的数学活动经验”，是数学课程的基本理念之一。

陪伴是最深情的启蒙，理性筛选教育产品

▼

Q **常爸：**教育大市场上有很多机构推荐的数学启蒙产品、课程，您认为这些是否可以替代家长的作用？家长在选择这些产品时，应该注意什么？

A **陈老师：**这个问题确实要引起家长朋友的慎思。我也特别理解年轻家长的烦恼，他们多处在自己工作的关键发展期，与孩子的重要成长阶段时间重叠。他们也知道孩子成长中关键的几年如果错过了，后续加倍的弥补可能也追不回来了。所以，常能看到他们不得不采用下策——“报班”来解燃眉之急。

在理解、体谅家长的同时，我也必须提示，一定要适度、适当地选择，不能盲目给孩子报一堆班。以报班的数量来分担家长的责任和担忧，是不可取的。还是要尽量协调一下工作节奏，权衡好工作和孩子成长需要的平衡点。

因为孩子是一个活生生的有机整体，他不只需要各种

学习，还需要发展人格，他的情感和认知需要同步发展。特别是学龄前的孩子，和家长之间的情感交流是必不可少的。

如果孩子长期感觉不到父母的关注，他们的安全感就会缺失，容易出现情绪、态度、意识上的问题。如果这些异常的现象出现了，可是家长还没有意识到和自己的关注度有关，而是以报班的方式来解决孩子的问题，是会适得其反的。

我们经常看到有的孩子情绪不稳定、注意力不集中、沟通交流不顺畅，甚至自我封闭或是对抗……每一个问题孩子背后一定有一个问题家长，而每一个孩子的问题必定和家长的言行有直接关系。

Q **常爸：**美国心理学家马斯洛在其需求层次理论中提出，人的基本需求有五种，分别是生理需求、安全需求、归属和爱的需求、尊重需求和自我实现需求。这些需求由下至上依次呈金字塔型，基本的生理需求在最底部。马斯洛认为，各种需求不仅有高低之分，也有先后顺序，低层次的需求满足了，才会产生高层次的需求。就像您说的，如果缺失父母的爱和陪伴，孩子没有安全感，也就缺失了爱与归属感，这样就无从谈起更高级的属于自我实现需求的学习了。

A 陈老师：是的，所以家长朋友要有意识地去调整自己的工作状态，把陪伴孩子当成生活中很重要的一部分。实在分身无术的情况下，要和孩子平等交流原因，不管孩子能不能理解，都要坦诚表达，并且有后续改进的措施，请孩子监督并积极兑现。

记住，家长对孩子的最大影响是你做了什么，而不是你说了什么。

在选择教育产品（特别是课程）的时候，应该先去了解一下机构的授课内容和授课方式。

内容上要看课程设置是否健康、丰富、科学，是否超过这个年龄段可以接受的难度、时间上限。

方式上要杜绝填鸭式，要有孩子能够理解且易于接受的手段。

另外，还要把握学习的时长。学龄前的孩子专注力比较薄弱,不适于长时间持续某一个任务。如果上课时间超长，会导致孩子情绪不稳定，这对孩子来说是一种伤害。

因此，家长想让孩子发展好，就不要幻想机构可以替代自己，而是要给孩子充分的情感上的投入。

绘本和益智玩具是启蒙阶段的好帮手

▼

Q **常爸：**有些父母意识到给孩子讲数学绘本、带孩子玩益智类玩具对孩子的数学启蒙很有帮助，但是对绘本和玩具怎样利用却没有头绪。

A **陈老师：**有不少家长会给孩子选择绘本、益智玩具等，这些也成了孩子们生活的重要组成部分。

要充分发挥这些物品的作用，可以先让孩子看、自己玩，之后讲给大人听。孩子最好的学习方法之一是“讲给别人听”，这是一个记忆、回顾、梳理、提取、表达的过程，有利于孩子表达能力的发展，而表达又是思维的外化，从而促进思维的发展。

很多智力玩具，如磁力珠、魔幻三角、乐高积木，当中都具有数学、物理知识，孩子在拼、搭、建的过程中，会有很多感受。在孩子完成拼搭作品后，如果你看不出是什么，千万不要急于以“像不像”来评价；而是应该放缓、放低姿态问问孩子的想法，也许你会被他们的“异想天开”“不着边际”所惊到，这正是孩子创新创造的萌芽，是孩子头脑中的世界和现实对接的过程。

面对孩子要学会欣赏、静待花开。等待是理念，呵护是策略。

Q **常爸：**我想起我的孩子小的时候玩乐高，和别的孩子不一样，他不去把积木搭高，也不搭各种形状，只喜欢把乐高里面的那块板子，用一个一个积木填满。我当时想：这孩子干嘛呢，一直重复在一个平面上来来回回填各种颜色的积木。我认为这简直是一个太过简单的玩法了！搭出一个小车、垒出一个房子多好。听您现在一说，我突然间明白了，孩子在乐高板上填积木，也是在布局、在相互匹配、在调整。

A **陈老师：**对，有时候孩子是以成人理解不了的方式，来实现自己的想法。我们不要盲目地打断或者打扰孩子。当我们看不明白的时候，应该试着走进孩子，去读懂他们。而不是主观地评价这个说得不对、那个玩得不好。

解读孩子是父母的必修课，只有了解孩子，才能够给他们最需要的帮助和支持。

本章小结

※ 著名教育家陶行知说：生活即教育。所以家长最需要秉持的原则是把启蒙教育的观点、行为嵌入孩子的真实生活中。以生活为场景、途径，筛选必要的元素，营建生态的启蒙环境。任何以破坏孩子成长规律为代价的“速成”都必须摒弃。

※ 学龄前的孩子，自身在发展中完善，他们处在正式学习的热身阶段。要呵护他们好奇、好问、好知的热情，和他们一起为快速奔跑做好各项准备。

※ 学前启蒙，是以“浪漫”的方式让孩子开启学习之旅。

※ 孩子是一个活生生的有机整体，他不只需要各种学习，还需要发展人格，他的情感和认知需要同步发展。特别是学龄前的孩子，和家长之间的情感交流是必不可少的。

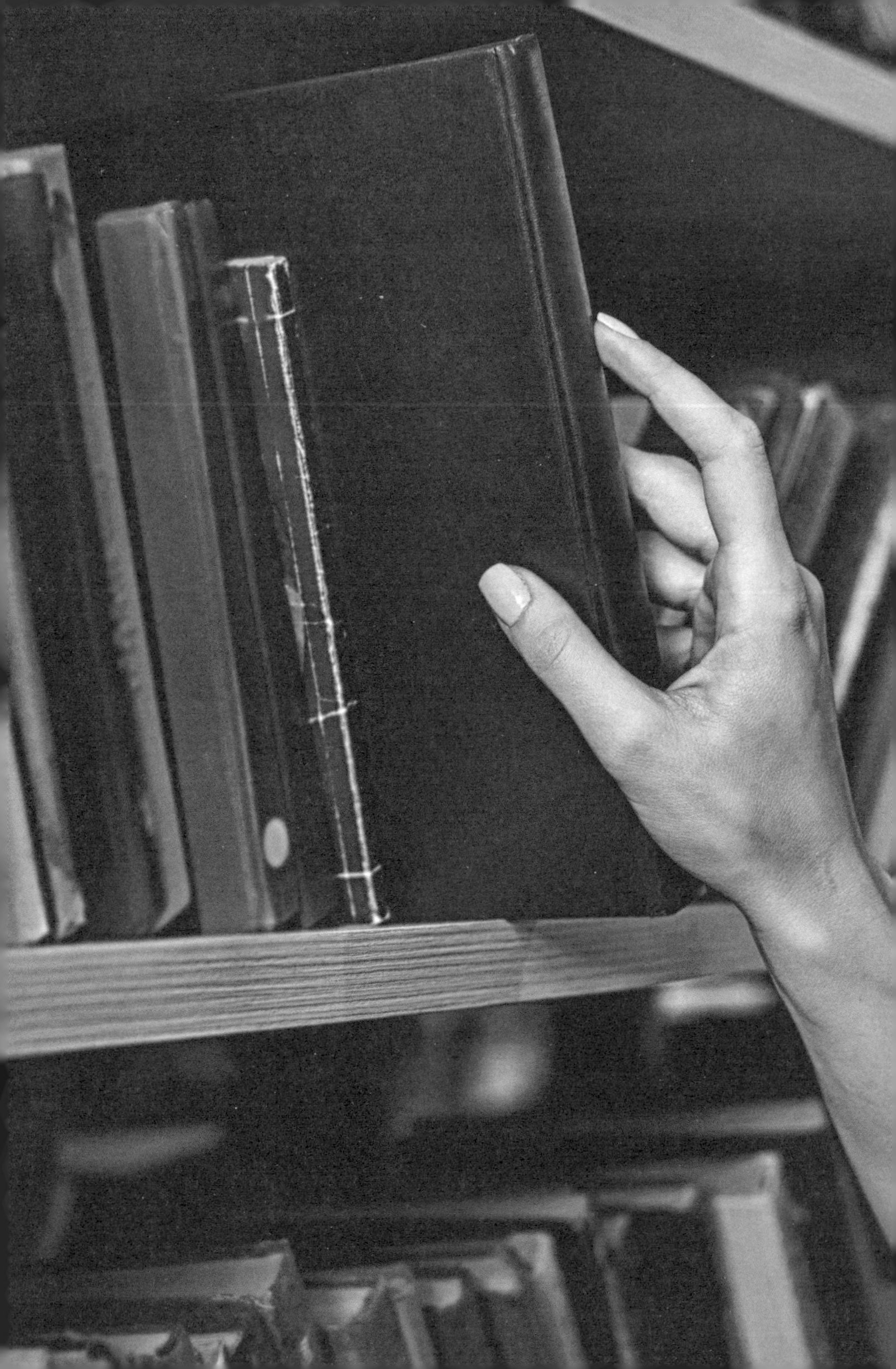

第五章

幼小衔接准备篇——自然中衔接

家长要搞清楚“幼小衔接”中的“衔接”指的是什么。这个“衔接”应当是基本知识、基本方法和基本习惯的衔接。

幼小衔接“衔接”的是什么？

▼

Q **常爸：**孩子在上小学前一年，随着“幼小衔接”这几个字的出现，很多父母倍感压力。当看到幼儿园大班的孩子都去幼小衔接的机构上课，家长们就开始感到焦虑。对这个现象，您怎样看待？

A **陈老师：**首先，家长要搞清楚“幼小衔接”中的“衔接”指的是什么。这个“衔接”应当是基本知识、基本方法和基本习惯的衔接。

基本知识的预热

孩子在家庭、幼儿园和早教机构学习一些基本的学科知识作为储备，这样家长和孩子都会比较踏实，尤其是面对即将开始的新学习，会更有信心。

但是，不要过分追求知识储备到多、深、难的程度，切记不要把知识储备当成一种孩子群体中横向“比较”，或是家长群体之间可“炫耀”的资本。那样肯定违背了知识预热的初衷，而且会愈演愈烈，最终成为孩子还没上学，家长先焦虑的根源。

不过孩子们有了日常生活中的学习认知，在做入学准备的时候，梳理一下孩子的基本情况还是有必要的，但是不要突击。家长看看根据《义务教育数学课程标准》编写的一年级上册教材的目录，是不是可以放心啦？

1. 准备课：数一数和比多少
2. 位置：上、下、前、后、左、右
3. 1~5 的认识和加减法：1~5 的认识；比大小；第几；分与合；5 以内的加法、减法；0 的认识
4. 认识图形（一）
5. 6~10 的认识和加减法：分别认识 6 和 7、8 和 9、10；10 以内连加、连减、加减混合计算
6. 11 ~ 20 各数的认识
7. 认识钟表：认识整时
8. 20 以内的进位加法：9 加几；8、7、6 加几；5、4、3、2 加几
9. 总复习

基本方法和能力培养

Q **常爸：**看到一年级教材的目录，我怎么感觉多数五六岁的孩子所掌握的知识早就超越了这个范围。那上学之后还怎么学呢？

A **陈老师：**对于初入小学的孩子来说，知识的传授只是数学教育的一个方面，这个阶段最重要的是培养孩子的学习习惯，发展孩子的学习兴趣，以及寻找合适的学习方法。所以我们一再强调要以知识作为载体培养孩子解决问题的技能、思想和方法。

学会观察：看事物的角度，找事物的特点，发现规律，尝试运用规律。

学会倾听：能安静听话，然后进行对话，没听懂的地方能够提出问题。

学会表达：能够把看到的、想到的说清楚，或者用画一画的方式来表示，画的图标还可以是自己创造的。

学会合作：在有任务要求的时候，能够和身边的人一起商量着完成。

学会思考：在具体的情形下，能够按照自己的想法去回答或者解决简单的问题。

这些基本的方法和能力需要在每一个学习的环节中有意识、逐步地落实，不是一蹴而就的。

基本习惯的建立

好习惯一生受益，所以习惯要随着孩子的认知能力一同培养，一以贯之。

听的习惯：要会听话，有礼地听，不中途打断，听完之后再发言。

安静的习惯：进入学校是班级授课，是40人左右的群体，所以保持安静是常规之一，让孩子知道自己的言行对周围有影响。

专注做事的习惯：做规定的事情要专心，中途不做无关的事情，有问题要得到允许再去做。

认真阅读的习惯：数学也需要阅读，不仅要理解题目的要求和意义，还要做一些学习资源的阅读，从文字少的绘本开始，逐步到连环画、漫画、数学故事、数学人物传记，等等。

此外，还有一些常规习惯，如按时作息、整理学具、提前准备、自己的事情自己做、预习和复习的习惯，等等。

幼小衔接具体应该怎样做？

▼

Q **常爸**：那么为了做好孩子的幼小衔接，家长应当注意哪些问题？很多父母这个时候就开始着急了，他们抓紧时间给孩子多教一点、再多教一点，认为这样孩子上学之后就能稍微轻松一点。

A **陈老师**：可以给孩子提前教，但是教的时候一定要注意分寸、讲究方法。幼小衔接，衔接的是意识、思维、方法和习惯，所以要注意：不要做太多的知识堆砌，压得孩子喘不过气来，影响孩子的好奇心和学习热情。要按照适时、适度、适切的原则。幼小衔接是为学校学习做准备，不是都学完了才来上学，不能为了领跑而挫伤孩子长跑的耐力。

所以，可以提前教小朋友一些知识，但不是带着孩子把课本提前学一遍的意思。此时，孩子的分辨能力比较弱，如果家长拿着小学课本给孩子讲，不管你讲得如何、他学得怎么样，等孩子入学后再看到这个课本，他就认为自己学过了，那么他就会出现注意力分散，不再去深入理解的状态，这对孩子的学习反而是不利的。

Q **常爸：**有些父母说虽然自己的孩子是“零基础”入学，但是上学以后却非常优秀，丝毫不逊于那些上过培优班、幼小衔接班的孩子。您怎么解读这类孩子的表现呢?

A **陈老师：**没有让孩子做加减算术，没有逼孩子认字写数，并不代表家长什么都没有教过。他们可能更注重寓教育于生活中。生活即教育，没有活动就没有教育，都是在强调经历、经过对孩子的重要价值。

不要只强调结果而忽略了孩子成长过程中的风景。经历中的方方面面都是学习和成长的资源，让孩子随时总结和表达自己的感受，有问题意识，能思考，愿意去尝试，并且能够倾听家长的建议。

让孩子在学前有了直接、具体的经验，让孩子带着满满的好奇和兴趣走进学校，老师会把这些生活中的数学提炼、加工和概括，那时孩子就很容易把生活中的经验和数学学习对接起来了。过程性的经验会成为孩子成长中的再生能源。

幼小衔接的习惯培养不是一步到位的，是随着孩子的成长逐步形成的。另外孩子年龄小，出现反复、约束不了自己的现象都是正常的，要不断进行正强化，此时家长有原则地坚持是非常重要的。更重要的是行为示范，做出来比只提要求、说出来的都有效。

Q **常爸：**还有一些家长准备给孩子选择像国际学校、私立学校、超常儿童的学校，这些孩子是不是另当别论？需要做一些额外的准备吗？

A **陈老师：**需要参加特殊学校“选拔”测试的，毕竟不属于义务教育基本的入学方式，这一小部分还需要做一些针对性的知识准备。

在这里要善意地提醒一下家长，这种选择要进行利弊评估，既然是特殊学校的选拔，家长要根据自己和孩子的实际情况权衡好这种选择带来的得与失。孩子是否能承受、是否适合，应该当作权重最高的选择标准。

做出选择之后，家长和孩子要共同努力，做好付出辛苦的身心准备。

本章小结

※ 首先，家长要搞清楚“幼小衔接”中的“衔接”指的是什么。这个“衔接”应当是基本知识、基本方法和基本习惯的衔接。

※ 不要过分追求知识储备到多、深、难的程度，切记不要把知识储备当成一种孩子群体中横向“比较”，或是家长群体之间可“炫耀”的资本。那样肯定违背了知识预热的初衷，而且会愈演愈烈，最终成为孩子还没上学，家长先焦虑的根源。

※好习惯一生受益,所以习惯要随着孩子的认知能力一同培养，一以贯之。

※ 要按照适时、适度、适切的原则。幼小衔接是为学校学习做准备，不是都学完了才来上学，不能为了领跑而挫伤了孩子长跑的耐力。

第六章

启蒙阶段家长关心的问题

好教育应该是符合孩子身心发展规律，循序渐进地推进，在每一阶段给孩子相应需求的教育。

父母数学不好对孩子有没有影响?

▼

Q **常爸：**经常听到有家长说，自己的数学不好，很害怕自己的这个短处会遗传给孩子，好像数学好不好会印刻在基因中一样。

A **陈老师：**看来数学学习的确给很多人留下了一辈子的阴影。我不否认有遗传的因素，但是数学学习的阴影很多是后天造成的。所以就不要让这个阴影再笼罩着孩子，不要人为地将这种负面的情绪“传染”给孩子。

一定要给孩子营造和谐生态的数学学习环境，开启绿色的数学学习之旅。

Q **常爸：**可能有些家长在文科学科方面特别优秀，数学和理科方面就略显不足，与优秀的标准相比有心理落差，但是不要主观地认为自己就是不擅长学习数学。

A **陈老师：**是的，这个和经历了什么样的数学学习有直接关系。

数学和其他学科的共性在于需要形成良好的学科思维，如果在数学思维形成的关键期，没有通过正确的学习方式加以培养，很有可能会造成学习吃力的困境。

如果家长总是纠结于这样的问题，孩子就会受到影响："我爸妈数学不好，我肯定也学不好！"这是一种很可怕的心理暗示，有了这样的暗示，孩子遇到数学问题的时候，就会禁不住地退缩，因为他内心暗暗地认为：他不可能学好数学！

所以，要正确看待数学教育、数学思维和孩子数学发展的关系，不要让家长在数学学习过程中留下的"阴影"继续影响孩子。

Q **常爸：**有人说，在同一个学校上学，有的孩子就能数学满分，有的孩子却及不了格，人和人的差距还是很大的，也不都是数学教育造成的。您对这种说法怎么看？

A **陈老师：**是的，无论学什么都存在一定的先天遗传因素。遗传素质是人身心发展的物质基础，它的差异性对人的身心发展有一定的影响，但是随着个体的不断发展，遗传素质的作用会日益减弱，只要不是病理性的缺陷，接受以《义务教育数学课程标准》为依据的数学学习，还是没有太大问题的。

我觉得真正影响孩子数学学习效果的是学习习惯、学习品格和关键能力。

Q **常爸：**还有的家长比较心急，孩子一旦在数学学习上出现问题，就武断地给孩子下结论：不聪明！不是学数学的料！

A **陈老师：**这一类家长的问题是喜欢给孩子定性。有的时候，孩子只是在数学学习中遇到了一些困难，也许是有些概念没有理解透彻，也许是解决问题的思路出现偏差……家长在没有弄清原因的情况下，就由此及彼地扩大到孩子的整个学习中，认为这孩子数学学不好了。继而开始焦虑，给孩子报班补课，甚至增加重复性、惩罚性的练习。

在这样环境氛围中的孩子，心态是怎样的?

孩子学习中出现问题、困难都是正常的，找到原因给予相应的帮助和调整的时间，也许就能度过。如果家长过度反应，反而给孩子平添了许多精神负担。

因此，正常状况下，拉开孩子之间差距的是后天的教育环境。想让孩子变得优秀，我们自己就得放下偏见，从具体问题出发，不能笼统地给孩子戴上“数学不好”的帽子，也不能强化“因为你数学不好，所以要加强练习”的意识。要有针对性地帮助孩子解决出现的问题。

其实错误本身就是深度学习的开始，是澄清认知的契机，是思维提升的中转站。

一定要上早培班吗?

▼

A **陈老师：**早培班要不要上，得看家长希望孩子从中得到什么。我认为，学龄前的孩子真的没有必要提前学习小学的知识来“抢跑”，如果家长是以此为目的，那么就没有必要去上。因为小学一年级强调入学后是“零起点”教育。

很多早培课程号称是国外引进的，家长不要想当然地认为国外的课程就一定先进。因为这些国外的课程与我国的国情、文化背景是有差别的。如果在引进的过程中没有做好本土化，对孩子来说难免会有些生硬和陌生，效果自然不会太好，甚至会使孩子产生感知混乱，影响到今后的学习。

其实，孩子越小，个性化发展就越强，差异性的表现就越明显。而真正到了六七岁之后，这种显现化的东西会越来越少，内在化的东西会越来越多。这时的孩子在父母面前不再是“透明”的了，孩子也开始越来越追求独立于家长之外的空间。

所以孩子在学龄前的这段时间，是家长了解孩子最宝贵的时光，应该格外珍惜，而不应该千方百计地找寻可以替代自己的工具。

现在的家庭教育容易走极端，有的是非常焦虑，恨不得给孩子报十几个兴趣班，有的是特别“佛系”，完全散养，美其名曰让孩子享受童年。

其实，这两种做法都是不可取的。焦虑的父母有没有想过，培养孩子就像吃饭一样，把好吃的一股脑儿全部塞给孩子，孩子肯定会消化不良的。撒手不管的家长则是不负责任，所谓的“佛系”应该是给孩子一定的时间和空间，让孩子尽情地释放天性，而不是给自己放假，任由孩子像野草一样生长。

6 岁前的孩子很依赖父母，对他们来说父母的陪伴是必不可少的，他们生活的重心应该是与父母建立感情，而不是学习知识。好教育应该是符合孩子身心发展规律，循序渐进地推进，在每一阶段给孩子相应需求的教育。

女孩真的不适合学数学吗？

▼

Q **常爸：**很多家长认为女孩对数学的理解能力不如男孩，女孩天生不适合学数学。在现实生活中，文科生大部分是女孩，相应的，理科生大部分是男孩，这种刻板印象是有一定的误导性吧？

A **陈老师：**这样的观点在现实社会中确实不应该再有了。女生不适合学数学？男生学不好语言？当然不是，无论是在校园中还是社会中，男生、女生在任何一个学科中优秀的概率都是非常均衡的。

之所以还有这样误导性的观念残存，一是我们成人多从自己的经历感受出发，带着先前的记忆。这也表明知识学习以外留下的这些无形的东西，对一个人的影响是很深的。

二是我们对孩子的要求过于求全了，孩子的优势被看成了应该的，而对于孩子表现出来的“劣势”则极其放大。这是不是有些不客观呢？

美国哈佛大学教育学教授霍华德·加德纳[8]提出的多元智能理论认为，人类至少包括八种智能，即语言智能、数学逻辑智能、空间智能、音乐智能、身体运动智能、人际智能、自我认知智能和自然认知智能，数学逻辑智能只是其中之一。这八种智能在个体身上的不同组合，使每个人的智能都有独特的表现和特点。

我赞同“优势发展理论”，让一个人的优势更优，弱势才能不弱，这一点在启蒙教育阶段、在家庭环境营造中尤其重要。

三是出于一种看不见的教育习惯。学校和家庭都存在用孩子的“性别劣势”来教育他们的现象，忽略了孩子们的性别优势所在。

比如男孩子发育晚、懂事晚，小时候就是不如女孩子。女孩子呢，要文静，不能太疯，不能张扬。女孩儿懂事早，往后就没男孩有发展，等等。

这一系列的暗示，对于男孩、女孩都是一种干扰吧？

⑧**霍华德·加德纳**：世界著名教育心理学家，其最为人知的成就是“多元智能理论”。美国哈佛大学教育研究生院心理学、教育学教授。

男女在性别上确实有先天的差异，作为家长可以从优势发展方向来引导孩子，帮助孩子“优势更优，弱势不弱”。

比如，性格文静是孩子的优点，在鼓励孩子细致、做事周密的同时，激励他们大胆实践。对于比较“疏忽大意”的孩子，则在肯定他们敢想敢为的同时，要求他们精细化管理自己。

对孩子要分性别教育，但是不能片面，更不要过分渲染性别差异对孩子发展不利的倾向。

目前，学校中的教育是比较合理的，是适合孩子全面发展的。比如，我们鼓励男孩去学缝纫、做家政；鼓励女孩去做金工、木工和科技制作等。这都是对他们进行完整的均衡教育。

学习数学也是一样，虽然现在不渲染高考状元了，但比比皆是的女状元在数学方面可都是强手。

数学学得好不好，关键看孩子有没有建立数学思维，只要思维方式和方法对了，不管是男孩还是女孩都能够学好数学。

Q **常爸：**还有一种观点很盛行，就是很多人都说入学之后，尤其是小学和初中阶段，女孩的学业表现要比男孩更加出色。

A **陈老师：**就某些个体来说，可能会有女孩表现得比男孩出色，但是就整体来看，男孩女孩学业成绩分布比较均匀。实际上我从教这些年，接触了这么多孩子，女孩在数学上超出普通孩子水准的比例并不低，男孩在小学阶段也普遍不会比女生差，男孩女孩并没有表现出人们印象中的那种差异度。

在这里我还想补充一句，在二孩的家庭中（男孩女孩都有），更要注意正确的性别教育，千万不要为了便于“家庭管理”,就出现自家的“性别歧视”或者“性别优劣”比对。

教育孩子无时无刻不需要我们精心、用心，从孩子成长的方向来引导。过程中需要家长克服很多自身的“不良习惯”，特别是那些曾经束缚了我们思想和行为的观念，给孩子营建生态的、绿色的成长空间，用优势发展的思维让孩子变得更加优秀。

允许孩子用手指计数、算数吗?

▼

Q **常爸：**小孩子计算的时候，经常会伸出自己的手指掰着算，要不然就是找一堆小玩偶、小汽车来数，有的孩子甚至到了小学还会有这样的计算习惯，您觉得这个行为是正常的吗?

A **陈老师：**非常正常，而且我特别关注孩子这样做的过程。即便有些孩子到了小学一二年级还出现“手指算数”的现象，也没什么大不了，7 岁之前都处于前运算阶段，需要感知确认。

另外，手指本身就是孩子身上天然的计算器，随身带着它，看得见摸得着，随时出现来帮忙。从孩子的角度来看是不是有一种心理安全感呢?

因此，在孩子对手指计数、算数有需求的时候，不要投给他们异样的眼光，更不要严厉制止，让他们踏踏实实算，此时他们真的是进入计算的过程了。

我发现有的孩子上学后会偷偷摸摸在桌子下面用手指算数，好像很怕别人看到会笑话他。很欣慰的是我们的一年级老师很尊重孩子的发展，他们带着孩子们一起做一些手指操，教一些“手指上”的计数法，这样就可以让孩子们大大方方地把手指亮出来了，孩子们的智慧在灵活的小手指上跳跃。

不要阻止孩子“数手指”，这个看似简单、幼稚的动作，实质上是一个调动多种感官的活动，将对应、计数、算数结合起来，是直观数学向抽象数学的重要过渡。

除了数手指，身上还有一些数学工具，并且已经体现在数学教材中，比如一拃长、一庹长（庹，tuǒ，量词，成人两臂左右平伸时两手之间的距离，约合 5 尺）、一步长，等等。用身体元素学数学的例子更是不胜枚举，比如:学“比”时用到身体各个部位之间的比，头长：身长、水分：体重，最美的人脸部有若干个比值为“0.618”的黄金比例，等等。

应该让孩子“背口诀”“做速算”吗?

▼

A 陈老师：“背”计算结果，这个现象是学前家庭教育中很普遍的现象。很多学龄前的孩子在做100以内甚至超过100的加减法计算，而且家长要求很快说出口算结果。这种情况下，多数都是在背答案，很少有孩子明白其中的原理。

这种“背答案”的方式有很多弊端。首先，孩子会遇到数大、题目多的时候，记忆提取出现困难，自然就会着急，在家长的高要求下还会有些惧怕；其次，由于孩子没有掌握计算的方法，没有建立清晰的数的概念，机械地背很容易混淆，混淆了以后在记忆中又很难完全澄清。所以上学之后也会一直错着、混着，成为了计算中的阴影，随时困扰着他们。这也是有些孩子计算特别容易出错的一个根源。

正确的答案和他曾经记忆过的错误答案处于一种“界限模糊”状态，到了需要“记忆”提取的时候，到底是这个还是那个?

鉴于背答案的弊端很多，所以我不主张学前超越孩子认知规律的早教，尤其是没有理解的“死记硬背”。但适度的识数、计数、算数是可以的。

Q **常爸：**计算是个比较基础的数学问题，如果出了错，对孩子后面的学习影响会比较大，即使后面的很多问题都不是直接表现在计算上，但最终都需要落实到计算中去解决，是这样吗?

A **陈老师：**是的，因为多数数学问题是以正确的计算结果来呈现的。

我接触过的很多孩子都是考试的时候不怕难题，他相信自己有能力解决，但是考试成绩出来，发现解题的思路很对，结果却错了，就是因为计算过程出现了问题。孩子得不到期待的分数,此时他们会有一种“小河沟里翻船”的感觉，对孩子的自信心是一种打击。

这样的现象出现过几次后，孩子会对计算产生一种恐惧感，会做的题都不能保证做对，对于他们放开思路去解决问题形成一种干扰。

Q **常爸：**还经常有家长给孩子报一些“速算”课程。各种速算方法家长不一定能掌握，但是觉得孩子要会，觉得这样不但对孩子的计算有好处，对孩子整个的数学学习都有好处，您怎么看这个问题?

A **陈老师：**没有必要。学前的孩子需要的不是速算的技巧，“技巧”是建立在算理和算法之上的。计算首先要让孩子理解基本的算理，再从他们原生态的算法过渡到最基本的数学算法。贯穿于整个小学计算学习的核心概念是十进位值制。

小学数学计算能力大致可以分为三个水平级：一级是按照算法的基本计算；二级是运用运算律进行计算，运算定律指的是交换律、结合律、分配律等，都是根据运算规律总结出来的通识方法；三级水平是根据具体情形灵活选择计算方法。

这样看来，即使学习速算技巧也要在一、二级的水平上进行。

我们不提倡让学龄前孩子过早掌握这些技巧、捷径，因为这种直截了当要结果的做法，让过程性知识、经验、思想都流失了。而启蒙学习中，经历、经验、感受是重要的，不能让孩子“绕过”最重要的算理理解，以及算法意义的掌握，这个过程是原生态生活数学向数学化过渡的重要过程。

计算不是单纯地算出数就可以了，它是一个建立数感，培养孩子数量认知，建立数量关系的过程。如果只是为了计算结果，那都可以不学数学计算，现在计算机可比人脑计算得快多了。

Q **常爸：**是啊，有人也在问，“计算机速度很快，为什么还要学那么大数目的计算，还要花那么长时间在小学让孩子学习计算？”看来就像陈老师一再表明的观点：数学是载体、是工具、是创造，真正的意图在于培养孩子的思维能力，这是一项宏大的工程。

A **陈老师：**是的，“不积跬步，无以至千里”，我们得从计算开始打好孩子数学学习基础，掌握知识的同时丰富的是思想意识，增长的是能力，这样他们才能更好地主动去发展。

数字书写、认读混淆怎么办？

▼

常爸： 有的孩子认数字的时候时常会分不清 6 和 9，12 和 21，有时候甚至会把 2 和 5 混淆，这是怎么回事呢？

陈老师： 6、9 不分，12、21 颠倒，这在孩子中很常见，有的孩子上了一年级还是会分不清楚。

常爸： 那这个现象家长需要担心吗？

陈老师： 孩子由感知运动阶段到前运算阶段，他们的感知系统和外界对接的时候，看到的和做到的不一定完全一致，思考的和表达的也不一定完全一样。比如我们会看到有的孩子左右手不分，写字、画画时左右开弓，左手写一写、右手画一画。写出来的数字也会像“画画”一样，把“3”写成卧着的样子，就像个驼峰似的，或者写成开口相反的，而孩子自己并不觉得有问题，在他眼里他写的就是“3”啊！

与此相似，还有孩子会混淆6和9的书写方向，这些发生在孩子群体中的现象，的确是他们辨析能力发展的阶段性表现，我们在宽容接纳的前提下，给予正面的引导就可以了。不用精神紧张，甚至怀疑孩子的眼睛、脑子是不是有问题，只需在观察中进行指正，即使不能马上改正过来也不要批评指责，而是用具体的方法协助。幼儿园中就有一个很好的童谣：

1像铅笔细又长，2像小鸭水上漂；
3像耳朵听声音，4像红旗迎风飘；
5像秤钩称东西，6像豆芽咧嘴笑；
7像镰刀割青草，8像葫芦能做瓢；
9像勺子能吃饭，10像鸡蛋加油条。

孩子学这样的童谣，让他们去想象每个数字的样子，或者找出这些数字对应的图片，让孩子从图片、直观形状上去联系、联想、辨析。

Q **常爸：**12和21，35和53这样的两位数怎样帮助孩子辨析呢？

A 陈老师： 除了书写的不同，还要从意义上做一些理解的区分。可以用计数器，让孩子拨出 12 看看什么样，“2”在哪里，“1”在哪里；再拨出 21，比较一下有什么不一样。

通过“十进制计数法”的直观演示，让孩子建立数位的直观表象。都是珠子，但是十位上的一个珠子代表的是 10，而个位上的一个珠子就是 1。

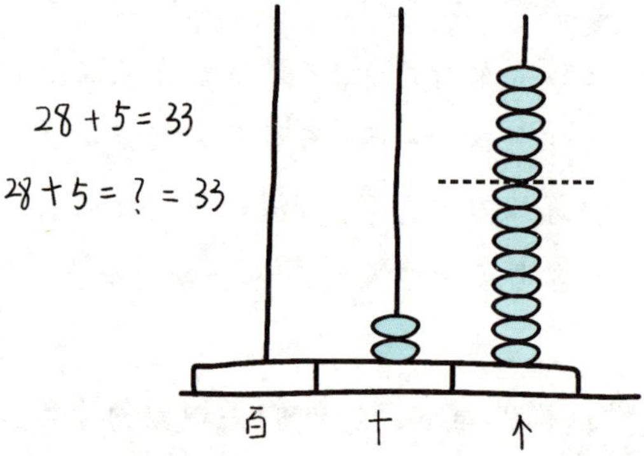

在反复的拨珠观察中，把拨出的结果和数字的书写对应。逐步体会位置不同，代表的意义就完全不同。

这样的操作活动比空洞的讲要好得多，运用计数器可以继续做拨数、读数、写数的游戏。

本章小结

※ 要正确看待数学教育、数学思维和孩子数学发展的关系，不要让家长在数学学习过程中留下的“阴影”影响孩子。

※ 真正影响孩子数学学习效果的是学习习惯、学习品格和关键能力。

※ 孩子学习中出现问题、困难都是正常的，找到原因给予相应的帮助和调整的时间，也许就能度过。但是如果家长过度反应，就给孩子平添了许多精神负担。

※ 焦虑的父母有没有想过，培养孩子就像吃饭一样，把好吃的一股脑儿全部塞给孩子，孩子肯定会消化不良的。撒手不管的家长则是不负责任，所谓的“佛系”应该是给孩子一定的时间和空间，让孩子尽情地释放天性，而不是给自己放假，任由孩子像野草一样生长。

※ 数学学得好不好，关键看孩子有没有建立数学思维，只要思维方式和方法对了，不管是男孩还是女孩都能够学好数学。

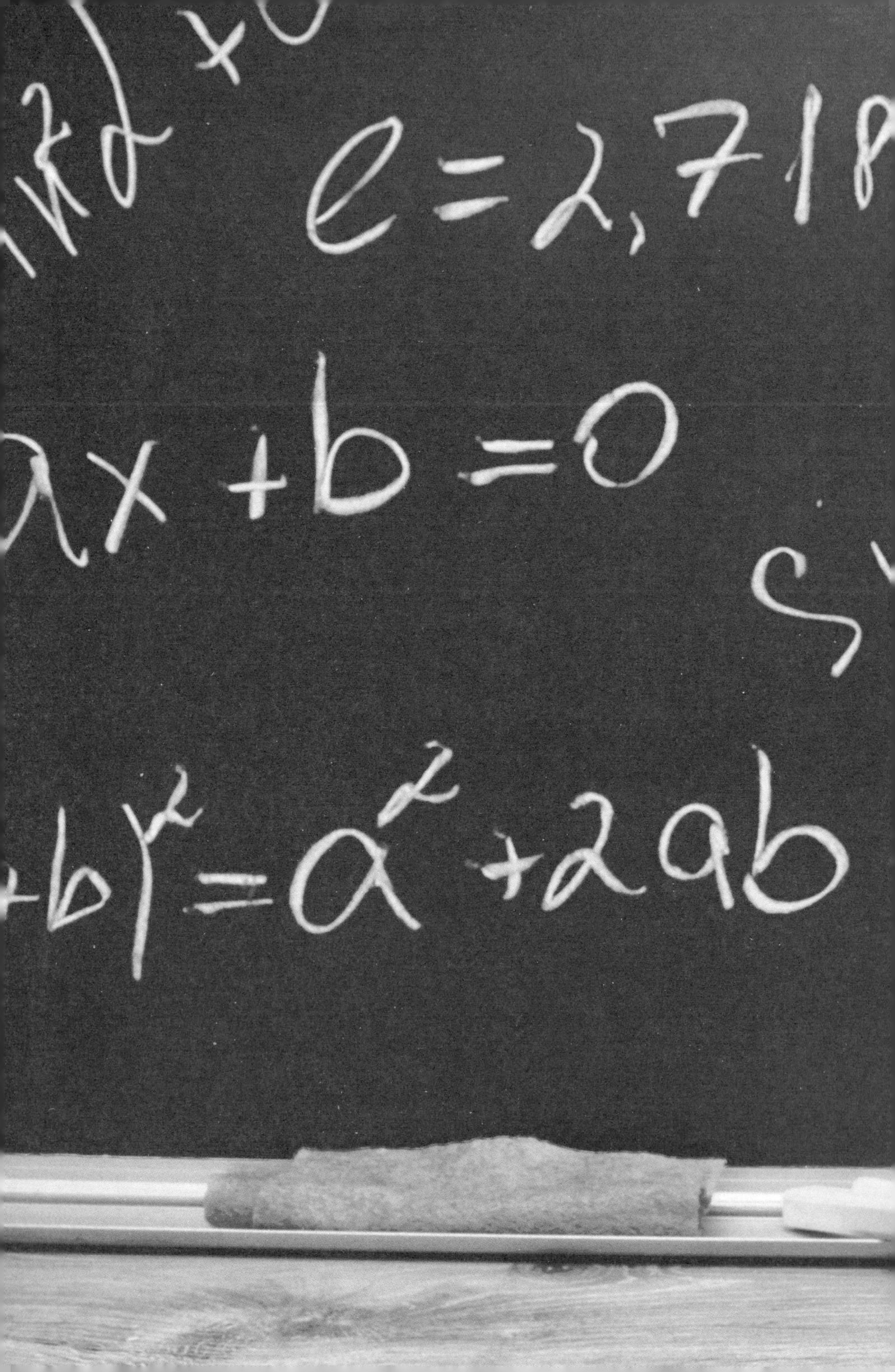

e=2,71
x+b=0
+b)²=a²+2ab

第七章

在生活中和孩子一起学数学

从具体的数，到数量，再到抽象出来的数，让孩子在具体的情境、具体的物品中，感知数的存在，感知数的组成、大小关系和简单的数的计算。

和孩子一起学数学示例⑨（从学龄前儿童开始）

▼

1. 身上的数学

1.1 身上的数字

数，就在我们周围，那就从自身找起吧。从具体的数，到数量，再到抽象出来的数，让孩子在具体的情境、具体的物品中，感知数的存在，感知数的组成、大小关系和简单的数的计算。

◆ 情境一：家长和孩子分别从自己身上找到 1~10。

- 步骤：双方确认身上的1~10在哪里。
- 交流：1张嘴、1个鼻子、1只手，有什么一样，有什么不一样？

⑨**案例提供者**：左明旭、黎妍、卢超、孙桂丽、赵蕊老师。

·确认：不同的事物，都可以用1来表示。

·追问：身上还有不一样的2吗？还有不一样的几？

·注意：开放的交流，重点在于感知到具体的数和抽象出来的数。

◆ 情境二：用双手上的 10 个手指数数、表示数、出计算题。

·步骤：先表示确切的1~10。

·交流：用符号化的手势表示数。

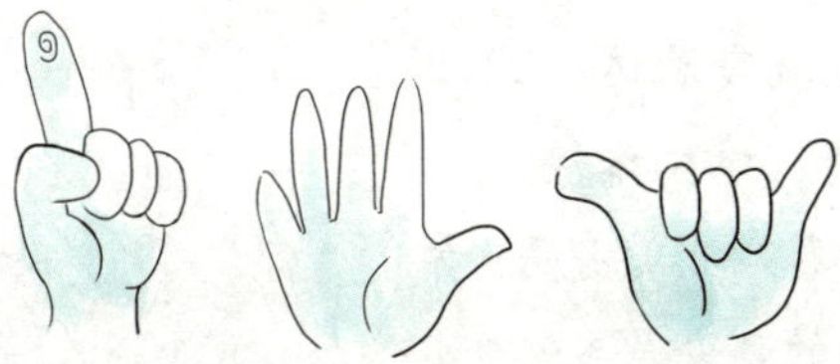

·确认：把符号化手势表示的数，用火柴棍儿或是乐高积木等表示出来。

·继续：利用摆出来的火柴棍儿或是乐高积木，做“数”的分解和组合（出现的数不要太大，20以内）。

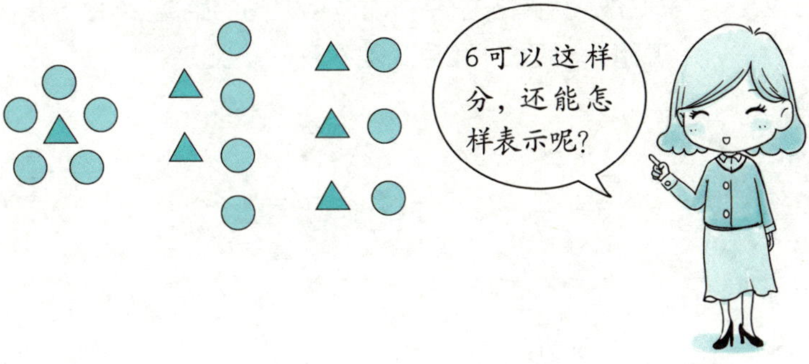

1.2 身上的尺子

量，也在我们周围，还是从自身找起。从比较身高开始，再到比较手的大小、脚的长短、手臂长短，等等，感知量的比较关系，在具体的问题中感悟比较的标准或参照物，形成初步的测量意识。

◆ 情境一：家长和孩子比身高，怎么知道高多少呢？

· 步骤：1.用语言表达，谁比谁高？谁比谁矮？

2.用卷尺测量身高，看高出的部分是多少？可以认一认厘米和米。

3.用卷尺测量身上的“尺子”，家长和孩子的“一拃”有什么不一样？

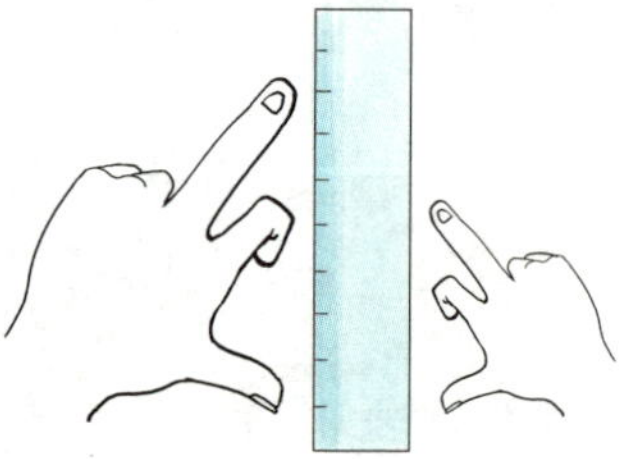

◆ 情境二：用卷尺继续测量“一步长”和“一庹长”（庹，tuǒ，量词，成人两臂左右平伸时两手之间的距离，约合5尺），说明“一庹长”和身高差不多一样长。

· 步骤：身上还有一些有意思的长度，分别量出“头长”和“身长”，看一看“身长”等于几个“头长”？

· 比较：成年人和孩子有什么不一样？

· 继续：量出脚长和拳头一圈的长度，看看是不是差不多？

2. 家里的数学

2.1 厨房里的数学

◆ 情境一：准备晚餐——杂粮粥。

· 步骤：1.家长拿出4个形状、大小相同，但颜色不同的小碗，摆放在桌子上。小朋友就会本能地发现小碗的不同。（抓本质）

让小朋友说说有几个小碗，最喜欢什么颜色？（认颜色）

2.用这些小碗装一些豆子，家长拿出绿豆、黄豆、芸豆、蚕豆各1袋，先让孩子认一认，这些豆子的名称是什么？可以适时引导记忆的方法，如绿色的

豆子，猜猜叫什么？那黄色的豆子呢？（找规律）

3.你最喜欢哪种豆子？为什么？哪种豆子最大呢？我们把它们倒进小碗里。（比大小）

4.让孩子把4种豆子分别倒满4个小碗。(精细动作)如果有洒落也没关系，引导孩子一粒一粒边数边捡起来。(点数)

5.数一数每个小碗中装了多少个豆子？蚕豆、芸豆可以点数；黄豆、绿豆有些多，数起来有困难，我们可以引导孩子分堆数，10个一堆，然后再十个十个地数。(分类数十进制)

6.家长可以提问：都是一样大的碗，为什么蚕豆就这么几颗，而绿豆这么多呢？(反比例函数思想)

7.把4种豆子倒入盆里，继续发问：刚刚在小碗里能堆得这么高，现在放在盆里怎么变矮了？（反比例函数思想）

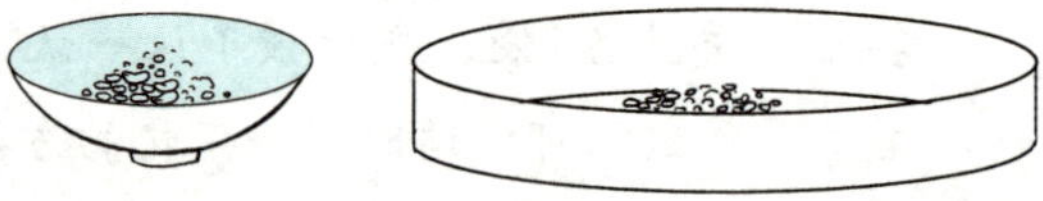

8.将豆子洗干净后，倒入锅里，放入水，家长可以告诉孩子，这么多的豆子该放几份的水。(倍比思想)

◆ 情境二：家长拿出两个不同的碗及两个不同的盘子。

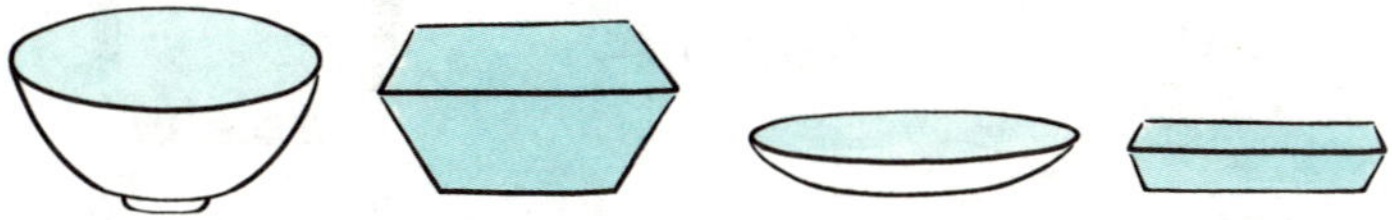

· 步骤：让孩子选一个碗和一个盘子。

· 交流：你选哪个？妈妈选哪个？

· 猜想：猜猜爸爸又会怎么选？

· 追问：还可以怎么选？

· 注意：重点是引导孩子说出不同的选择方法。

◆ 情境三：家长拿出三种水果——草莓、葡萄、樱桃。

· 步骤：家长和孩子一起分一分，每人1个草莓、2个樱桃、3粒葡萄。

· 交流：把这些水果排排队。先放妈妈的1个草莓、2个樱桃、3粒葡萄；再放爸爸的1个草莓、2个樱桃、3粒葡萄；接着怎么放？

· 追问：妈妈拿走了一个，你知道拿走了什么吗？

· 注意：引导孩子根据规律发现少的水果。

◆ 情境四：家长拿出一些火柴棍。

· 步骤：你能摆出图案来吗？

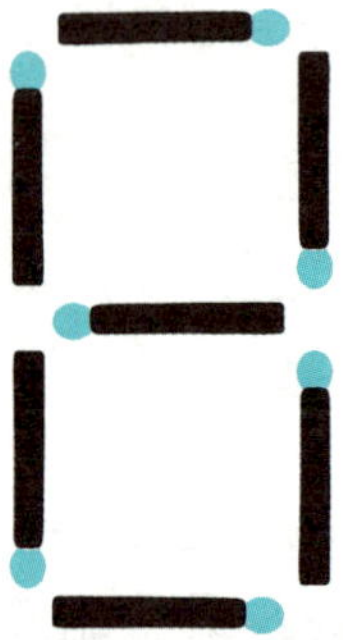

· 交流：妈妈摆了两个正方形，你呢？

· 确认：这两个正方形还是一个数字“8”呢。

· 追问：我拿走一根，变成什么数字了？还能创造出什么数字和图案？

· 注意：这些问题都要开放交流，重点是引导孩子从具体的形状中找变化，体会有时仅仅动一根火柴棍就不同了。

2.2 客厅里的数学

◆ 情境一：一会儿，家里要来客人了，咱们先准备茶叶，往杯子里放茶叶。

· 步骤：家长请孩子往杯子里放一勺茶叶。

· 交流：这里有一个更大的杯子，我们也放一勺茶叶吗？

· 确认：需要多放一些吗？为什么？

· 追问：如果放方糖呢？还可以尝尝。

· 注意：这些问题都要开放交流，重点是引导孩子说出感受。

◆ 情境二：今天晚上 6 点电视台有好看的儿童节目，可别忘了！

· 步骤：家长提议和孩子一起定个闹钟。

· 交流：先认认钟表，再亲手拨一拨。闹钟定在6点就晚了，需要提前10分钟做准备。

- 确认：提前10分钟来得及吗？提前10分钟是几点？
- 注意：引导孩子感受10分钟可以干哪些事情，有时间意识，珍惜时间。

◆ 情境三：家里需要一张小书桌。

- 步骤：书桌放在哪里合适？
- 交流：需要买多大的？快来量一量！
- 确认：拿什么量？手掌、绳子还是卷尺？
- 追问：认一认卷尺。
- 注意：引导孩子思考为什么要使用卷尺。

2.3 书房里的数学

◆ 情境一：书太多了，整理家里的图书。

- 步骤：让孩子观察爸爸妈妈书架上的书是如何摆放的。家长和孩子一起把孩子的书都堆放在一处。
- 交流：故事书分为一类，图画书分为一类。
- 追问：为了美观，每一类从大到小码放在书架上。
- 注意：分类让孩子独立进行。

◆ 情境二：家长和孩子一起做手工。

- 步骤：给家里的镜框围上一圈好看的花边。

· 交流：需要准备多长的花边带？
· 追问：再做一个镜框，需要准备多大的纸？
· 注意：这些问题都要让孩子动手，重点是引导孩子摸一摸，感知长短与大小的区别。

3. 玩具里的数学

提到玩具，没有孩子不喜欢的。它集科学性、趣味性、娱乐性、教育性于一体，是培养孩子动手操作能力、逻辑思维能力和创造力的重要载体之一。让玩具走进孩子的数学生活，玩中有法、玩中有趣、玩中有得，在不知不觉中引导孩子走进美妙的数学殿堂。

3.1 积木中的数学

积木陪伴许多孩子度过了最无忧无虑的童年。其实，积木也是学数学的好伴侣。积木的随意组合性使它成为完美解释许多看似复杂艰深的数学概念的好工具。最重要的是，孩子们再也不会感到学数学是一件枯燥乏味的事。孩子们在玩积木的时候，认识一些几何图形、搭建一些建筑物……在这个过程中无时无刻不在进行着数学思考，而所谓的数学学习就这样悄悄地发生了。

◆ 情境一：在积木中认识各种几何图形。

· 步骤：1.家长和孩子一起认识不同形状的积木。

2.家长说一种积木的名称，让孩子从一堆积木中准确地找出来。

3.和孩子一起比赛看谁找得又对又快。

· 交流：不同名称的积木有何特点？结合特点加深孩子对几何图形的辨别。

· 注意：在交流的过程中，结合孩子的经验体会立体与平面图形的异同。

◆ 情境二：谁的积木多？

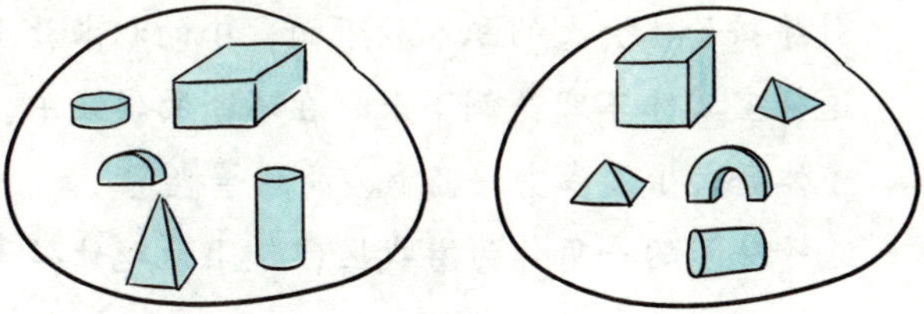

·步骤：1.家长和孩子各分得数量相等的积木块。
2.然后玩“石头剪刀布”的游戏，每玩一次，赢的一方就从对方那里得到一块积木。
3.玩几次以后，数一下双方各自拥有的积木数量。

·注意：这个游戏可以使孩子理解多与少的差别，对加减法有最初的体会。

·继续：增加积木块，引导孩子通过点数确认各自积木块的多少。

◆ 情境三：建宝塔。

·步骤：给孩子准备几块方形、圆形积木，引导孩子搭建建筑，最后在最高的位置放一块三角形或圆锥体积木当房顶。

·注意：积木要从2块到3块、4块逐步增加。

·体会：引导孩子逐步明白，积木越多，就越能搭出复杂的物体；搭得越高，就越容易倒塌；在玩的过程中，引导孩子体会大的积木放下面，小的积木放上面，这样宝塔才不容易倒下来。在不断的实践中，让孩子体会大小、多少、轻重、高矮等概念。

·注意：选择房间的一角作为游戏区，铺上地毯让孩子自由自在地玩；根据孩子的年龄和能力，逐渐增加积木的数量，积木形状要由简单逐渐到复杂；游戏的时候可以家长孩子角色互换，也要让孩子当指导者；观察孩子的注意力情况，注意力分散就应该停止或者调整方法。

3.2 扑克牌中的数学

扑克牌是一种古老而又非常普及的游戏工具。小小的扑克牌，里面有数字、有花色，经过巧妙的组合与搭配，可以排列出无限种可能。简单的游戏，蕴藏着无尽的智慧。扑克牌的游戏可以有效地激发孩子对数学的学习兴趣，培养孩子的逻辑思维能力和推理能力。

◆ 情境一：依据什么样的标准来分类？

3.2.1 配对游戏

· 步骤：孩子和家长2人玩，将牌发完后，孩子抽家长一张牌，然后孩子从自己的牌中找出和抽出的牌花色一样的，配对后就放在一边不可再用。然后轮到家长抽孩子一张牌配对。以此类推，先配完者为胜。

· 继续：家长和孩子还可以按照扑克牌相同的点数来配对。

· 追问：还可以按照什么样的标准来配对？如数字的单双等。或请孩子迅速找出不一样的牌，并说出为什么。

3.2.2 谁会被吃掉？

· 步骤：家长和孩子每人随机抽取10张扑克牌，两人同时说“一二三，看谁能把谁吃掉”，说完后每人出一张牌，比较两个数字大小，数字大的把数字小的牌“吃掉”；若两张牌一样大，则各自收回，“吃”牌多的为胜者。

· 继续：家长和孩子还可以借助扑克牌练习寻找相邻数。

· 追问：还可以怎么玩？可以结合孩子的经验自主确定玩扑克牌的规则。

◆ 情境二：几加几等于10？

· 步骤：孩子和家长随机抽取10张扑克牌，然后轮流出牌，一人出牌另一人对牌。若两张牌相加得数是10，则为一对好朋友，配对后将牌放在一边不可再用。孩子和家长轮流出牌，谁的牌先出完谁胜。

· 继续：将规则修改为两张牌相加或相减的得数是9、8、7等，则为一对好朋友。

· 挑战：准备1~9的扑克牌36张，家长和孩子以猜拳的方式，赢者先抽对方的牌，将抽到的牌与自己手中的牌组成10；如没有可组的牌，就把抽到的牌留在手中，让对方抽。先抽完牌的一方为胜。

· 目的：在玩的过程中引导孩子进行10以内数的分解与组合，体会10以内数的加减法运算。

3.3 七巧板中的数学

七巧板是一种古老的中国传统智力玩具，由七块板组成。这七块板可拼成许多图形，如：三角形、平行四边形、不规则多边形，也可以拼成各种人物形象、动物、桥、房、塔等。七巧板对孩子智力的开发、心理素质的提高、创造性思维的培养具有很大的帮助。

◆ 情境：如何用七巧板拼出稻草人？

· 步骤：家长和孩子每人用一张正方形纸制作七巧板，然后，家长向孩子介绍七巧板七块板的名称及特点，同时讲授稻草人的故事并拼出稻草人，之后引导孩子拼出稻草人。

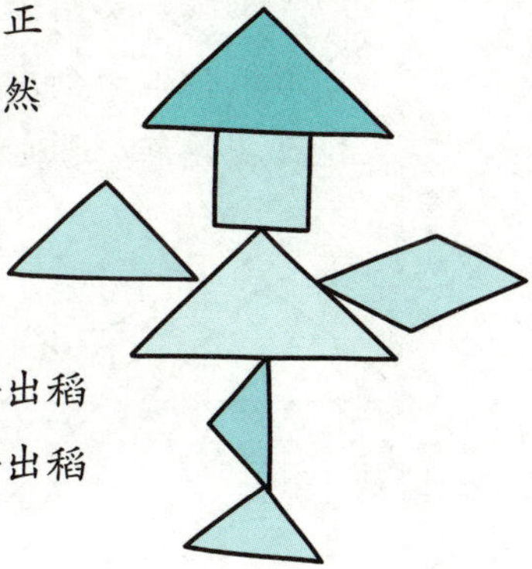

· 继续：家长和孩子一起了解七巧板的特点。
· 追问：七巧板中的七块木板还可以怎么拼?
· 挑战：家长和孩子尝试用七巧板拼出自己喜欢的图形。

3.4 折纸中的数学

“折纸”是孩子们经常做的手工活动，在“折纸”过程中孩子手脑并用、互相协作，可以了解数学价值，获得数学活动经验，可以学会运用数学的思维方式去观察、分析现实社会中有关数学的问题，并解决日常生活中的一些问题，增强应用数学的意识。

◆ 情境：折纸中蕴含着哪些数学知识?

· 步骤：孩子和家长每人一张正方形纸，然后将正方形纸对折——其涉及了数学中对称的概念，要求折线两边的点、线都要完全贴合；孩子和家长每人用一张正方形纸折出一个角度，30度、45度、60度？直角、锐角、钝角？通过折角就能认识角这个概念。

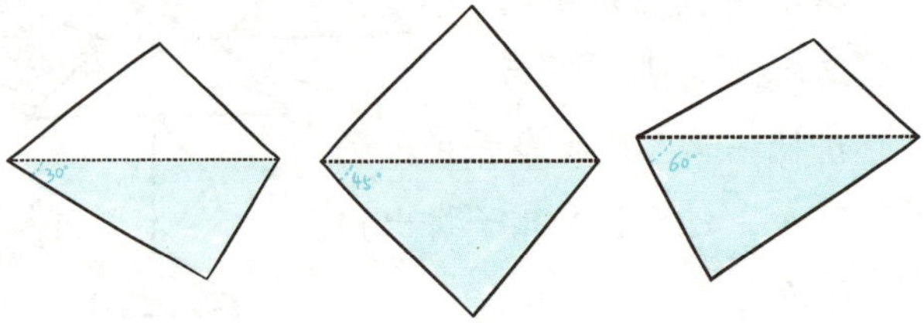

· 挑战：利用一张平面的纸折出一个立体的形状，这又是平面几何到立体几何的一次跳转，对孩子建立空间感很有帮助。

3.5 过家家中的数学

过家家是一种儿童很喜欢的角色扮演游戏。几个伙伴分别扮演家庭中的不同成员，如“爸爸”“妈妈”“孩子”“宠物”，等等，也可以利用简单的道具，模仿成人日常家庭活动。在过家家的游戏中也蕴含着有趣的数学知识。

◆ 情境一：我拿的是什么颜色的气球？

· 步骤：把红、白、蓝各一个气球分别送给爸爸、妈妈和孩子。根据提示语，想一想他们分到的各是什么颜色的气球。

(1) 爸爸说：“我分到的不是蓝气球。”

(2) 妈妈说：“我分到的不是白气球。”

(3) 孩子说：“爸爸和妈妈分到的是蓝气球和红气球。”

· 追问：你是怎么想的，有什么好的推理办法？

· 挑战：尝试其他的两步推理。

◆ 情境二：我可以怎么搭配衣服。

· 步骤：孩子和家长准备2件上衣和2件下装的图片，一件上衣搭配一件下装，能搭配出几套衣服？

- 追问：引导孩子表达是如何想的，并借助实物图进行演示。
- 继续：增加一件上衣呢？增加一件下装呢？
- 追问：有什么发现？引导孩子体会每增加一件上衣就增加2种搭配方案，每增加一件下装就增加2种搭配方案。
- 注意：在搭配服装时，要注意提示孩子一件上衣和一件下装搭配。

4. 幼儿园里的数学

4.1 做手工

◆ 情境一：用吸管类的材料折图形，长方形、正方形、三角形、平行四边形、梯形、圆形，等等。

- 步骤：先观察基本图形的样子，然后让孩子照样子折出图形。
- 交流：说一说折出的图形是什么样的。
- 注意：让孩子用自己的语言描述出图形基本的样子。
- 追问：针对图形最突出的特点进行追问。比如摸摸三条边的图形是不是还有三个尖尖的"角"？折出了几种四条边的图形，它们有什么不一样？
- 激发：给孩子一些材料继续自

由折他们喜欢的图形，然后说说折的图形是什么样子的。

◆ 情境二：用橡皮泥捏出基本的立体图形，长方体、正方体、圆柱、圆锥、球等。

• 步骤：让孩子给立体图形的模型或者实物起名字，然后再照样子做一做。

• 交流：把做好的立体图形给大家看看，做的一样的请举起来，看看真的一样吗？

• 确认：在互相观察的过程中确认这些立体图形的样子。

• 活动：把各自做的立体图形藏好，说说它是怎样的，让大家猜出它是什么图形。

◆ 情境三：画钟表。

• 步骤：1.想一想见过的钟表是什么样子的，让孩子说一说。

2.出示一些钟表的实物或者图片，让

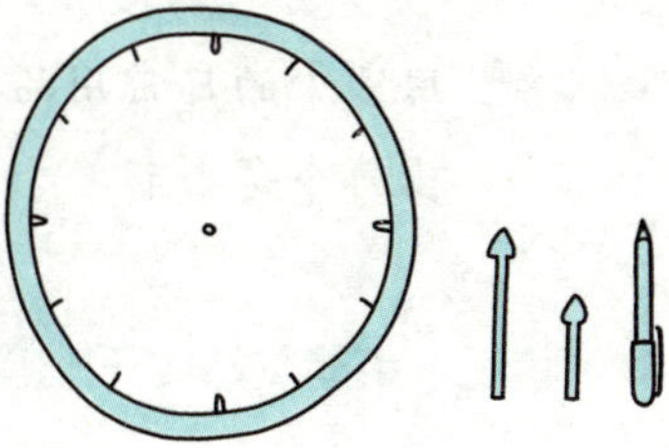

孩子看一看，再说一说钟表是怎样的。

· 材料：提供画有12个格但没有数字的表盘，硬纸或塑料小棍儿做的时针、分针，还有彩笔。

· 操作：指导孩子在表盘上标出“1~12”，放好分针、时针。和孩子一起从12点开始，表示出不同时刻。

· 交流：时针是短针，分针是长针；分针指向12，时针从12开始，指向每一个数，指向几就是几点整。

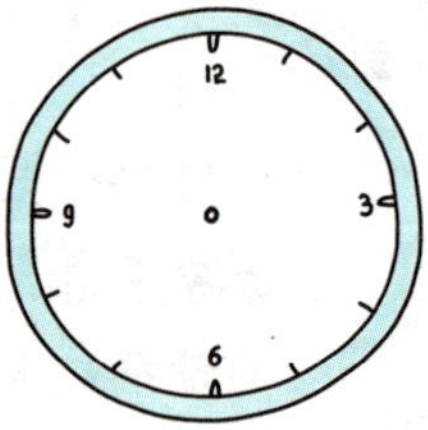

· 确认：按要求表示出几点，说一说哪个是时针，哪个是分针；时针指着几，分针指着几。

4.2 排队，第几和几个？

◆ 情境一：小朋友排队洗手，小丽排在第 4 个，她前面有几个人？

· 步骤：用家中的日常用品摆一摆，看一看，然后说一说。

◆ 情境二：小朋友排队玩滑梯，小丽前面有 4 个人，后面也有 4 个人，一共有几个人？

· 步骤：用家中的日常用品摆出表示小朋友排队的样子，指出哪个是小丽。

◆ 情境三：小朋友站成一排唱歌，从左边数小丽是第 5 个，从右边数小明是第 5 个，小丽和小明挨着。

- 步骤：用家中日常用品摆出唱歌的小朋友，指出小丽和小明；数一数一共有几个小朋友。
- 追问：能写出一个加法算式吗？

5. 游乐园里的数学

5.1 小火车：同数连加、包含除、“加 1”、“去尾”

◆ 情境一：每节车厢可以坐 2 人，这列小火车最多可以坐多少人？

- 步骤：孩子先尝试自己解决这个问题，数一数这列小火车的车厢数量，再想一想最多可以坐多少人。
- 交流：家长提示还可以用算一算的方法来解决这个问题。
- 追问：孩子在上图中找出：2+2+2+2+2=10（人）中的“2”和“10”分别在哪里？
- 注意：这个问题还可以用乘法来解决，如果孩子能够理解，家长可以做适当介绍，如果不能理解，不要勉强。

◆ 情境二：排队的有 20 人，如果小火车每次最多只能坐 10 个人，这列小火车至少需要开动几次？

· 步骤：想一想，你认为这列小火车至少需要开动几次？

· 交流：小火车每次最多可以坐10人，20人里面有几个10人？

· 确认：如果排队的有30人，这列小火车至少需要开动几次？排队的有50人呢？

· 追问：你发现其中的规律了吗？

◆ 情境三：排队的有 23 人，如果每人坐一次小火车，这列小火车至少需要开动几次？

· 步骤：可以用小棒摆一摆，也可以动笔画一画，来帮助思考。

· 交流：小火车每次最多可以坐10人，而23里面多出来了3人，怎么办？

· 确认：23里面多出来的3人，还需要再开动一次小火车吗？

· 追问：当小火车第三次开动时，如果把所有的座位都坐满，还需要再上来几人？

5.2 摩天轮：旋转

◆ 情境一：你坐过“摩天轮”吗？想一想它是怎样转动的。

· 步骤：用手势比一比“摩天轮”转动的方向。

· 交流：说一说“摩天轮”是围绕着哪里转动的。

· 追问：你找到“摩天轮”中心的这一个点了吗？用彩笔把它圈出来。

◆ 情境二：找一找，生活中还有哪些物体像“摩天轮”这样运动？

- 步骤：说一说你找到的这些物品是怎样运动的。
- 交流：家长和孩子一起，边找边用手势表示物体的运动方向。
- 追问：这些物体分别围绕哪一点在做运动？

◆ 情境三：家长和孩子共同查找做风车的方法，并动手制作风车。

- 步骤：准备正方形纸、大头钉、长吸管。
- 交流：风车转动起来时，做的是什么运动？
- 确认：插大头钉的位置重要吗，为什么？

5.3 跷跷板：相等与不相等、等量代换

◆ 情境一：在橡皮上放一把尺子，做成跷跷板。

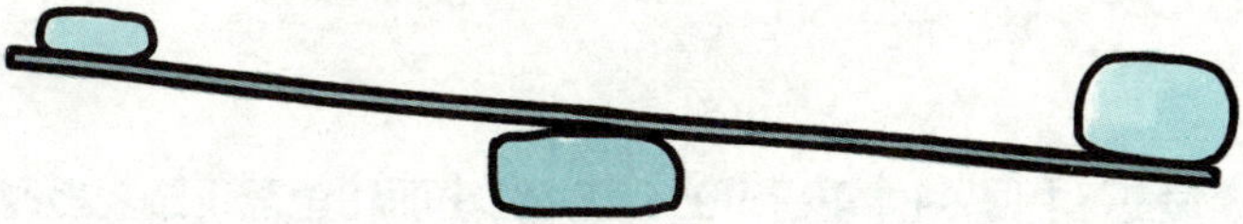

- 步骤：在跷跷板的两端分别放一大一小两块橡皮。
- 交流：为什么大块橡皮的那一端压了下去？
- 追问：要使小块橡皮的那一端压下去，怎么办？
- 确认：在小块橡皮那端再增加1~2块橡皮，试一试。

◆ 情境二：在坐跷跷板的时候，你喜欢和下面哪种体型的人一起玩？

· 步骤：说一说你为什么喜欢和这种体型的人玩？

· 交流：小丽重30千克，爸爸重60千克，她和爸爸玩跷跷板，你觉得会怎样？

· 追问：小丽这边再上来几个小朋友（和小丽同样重），就平衡了？

◆ 情境三：妈妈的体重是50千克，在小丽和爸爸玩跷跷板时，妈妈最好坐在哪一边呢？

· 步骤：先想一想妈妈分别坐在小丽这边和爸爸那边的情况。

· 交流：说一说妈妈坐在小丽这边的理由。

· 追问：妹妹重20千克，这时她又该坐在哪一边？

5.4 等候时间（有余数除法、时间）

◆ 情境一：数一数，图中有多少个小朋友在排队？

· 步骤：小飞机每次最多坐5人，小强排在第10个，他要等到第几次才能坐上？

· 交流：每次最多坐5人，2次能坐多少人？

· 追问：小红排在第12个，她要等到第几次？

◆ 情境二：观察下图中的钟面，你知道现在是上午几点吗？

· 步骤：如果每次玩3分钟，排在第12个的小红要等多长时间才能玩上？

· 交流：等2次，需要多长时间？

· 追问：小红在几点才能玩上小飞机？

· 继续：上午11:12，小红在做什么？

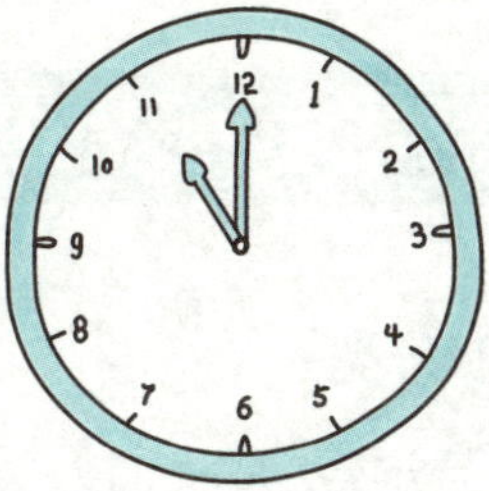

◆ 情境三：读一读，下面是玩碰碰车、小飞机和旋转木马分别需要等候的时间。

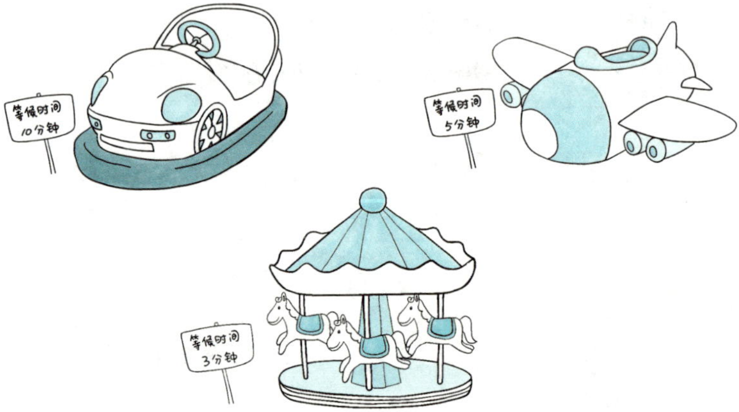

- 步骤：你最喜欢玩上面哪个项目？需要等候多长时间？
- 交流：比一比，玩哪个项目等候的时间最长，玩哪个项目等候的时间最短？
- 追问：如果有10分钟自由活动时间，你准备玩什么项目？

6. 商场中的数学

6.1 分类

分类，是我们人类的智慧法宝之一。在数学上，会对数进行分类，小学中，分别认识整数、小数、分数；同样，对图形进行分类，认识平面图形和立体图形。当然，根据不同的分类标准，会有不同的分类结果。在现实生活中，我们也无时无刻不在进行着分类，它使我们的生活变得更加高效和简洁。

◆ 情境一：在商场看一下楼层的分布导图。

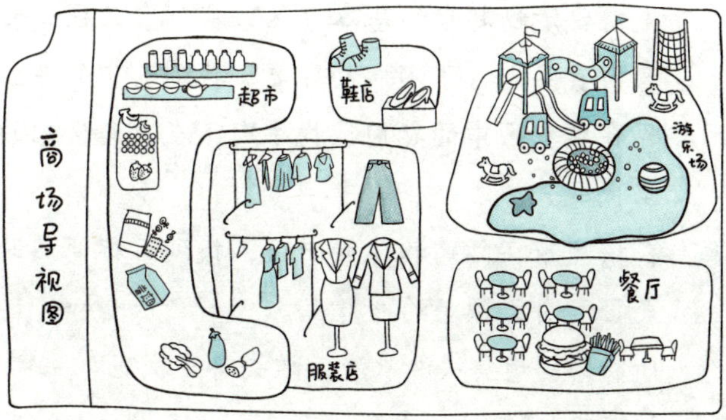

• **步骤：** 家长带孩子来到一楼，看一下购物导图，了解该楼层的具体用途分区。再看看不同楼层的功能分布。

• **交流：** 地下一层为超市；一层为化妆品珠宝区；二层为中年女装；三层为少女装；四层为中年男装；五层为青年男装；六层为餐饮区。

• **追问：** 商场为什么会对购物区有相对明确的分类？这样做的目的是什么？同样是女装，二层和三层是按什么标准进行分类的？

• **注意：** 分类源于人们的现实需要，感受不同的分类标准下会出现不同的结果，并且要体现分类的优越性。

◆ 情境二：超市购物，快速找到目标物品。

· 步骤：商场底层通常有大型超市，来到超市入口，妈妈说明需求，家里需要买熟牛肉和馒头两种食品。让孩子给出快速购物的建议。

· 交流：先需要清晰超市的基本分区，找到食品区；食品区又对食品进行了不同的分类，找到其中的熟食区；再在熟食区中的熟肉区找牛肉，在熟食区中的面食里找馒头。

· 确认：在该超市实际购物体验一下，找到目标商品的过程是否和自己预想的一样。

· 继续：如果妈妈想要买洗衣液，该去哪里找呢？

· 追问：如何在一个较大的超市，快速找到自己要买的商品？

· 挑战：如果让你给家里冰箱中保鲜区的食物进行分类，并方便快速查找，你想怎么分？第一层放什么？第二层放什么？第三层放什么？

6.2 人民币

人民币是我国的法定货币，我们在日常生活购物中，很多情况下需要人民币的参与。从人民币的单位到单位之间的换算、从人民币的计数到简单的计算，让孩子参与到具体的购物情境中，在具体的情境中认识人民币，会用人民币。

◆ 情境一：将人民币分类。

· 步骤：准备所有币值的人民币，纸币和硬币放在一起（每种币值一张即可）。家长和孩子一起分一分，按材质的不同，将人民币分为纸币和硬币两类。

· 交流：纸币有哪些？硬币有哪些？

· 确认：家长和孩子把人民币分一分，上面是纸币：有5角、1元、5元、10元、20元、50元、100元。下面是硬币：有1角、5角、1元。

· 追问：纸币的5角和硬币的5角有什么关系？1元的纸币和硬币大小一样吗？

· 交流：按币值进行分类：按照币值大小，我们可以重新进行元角的分类，元有1元、5元、10元、20元、50元、100元；角有1角、5角。

- 确认：家长和孩子实际地把人民币分两类，上面是元：有1元、5元、10元、20元、50元、100元；下面是角：有1角、5角。
- 追问：不同币值怎么区分？人民币中最大的币值是多少？最小的币值是多少？
- 继续：元与角之间有什么关系？
- 游戏：1元兑换为角，可以怎么换？
- 注意：一定给孩子充分的时间进行分类、辨别。

◆ 情境二：来一次实际的购物吧。

- 步骤：爸爸妈妈和孩子一起去商场、超市转一转，看一看。将购物的主动权交给孩子。

6.2.1 认识价签

商场、超市里所有物品的价格都是以元为单位的，如矿泉水2.50元，水杯18.99元。

- 交流：这样的价签表示的是多少钱？哪一部分表示元，哪一部分表示角，哪一部分表示分？
- 挑战：找一找不同物品的价签，说一说分别是多少钱。

6.2.2 自主购物

- 步骤：让孩子选2~3个自己需要的商品。
- 交流：要付多少钱？需要怎么计算？
- 确认：可自己用计算器算一算，看一看和售货员收的钱数是否一致。
- 挑战：估算一下自己花的大约钱数，给售货员整钱。

6.3 小数直观认读

小数，由整数部分、小数点和小数部分组成。当测量物体或者计算时，往往会得到不是整数的数,所以古人就发明了小数来补充，所有的分数都可以表示成小数。

◆ 情境一：认识小数——小数的构成，小数的大小。

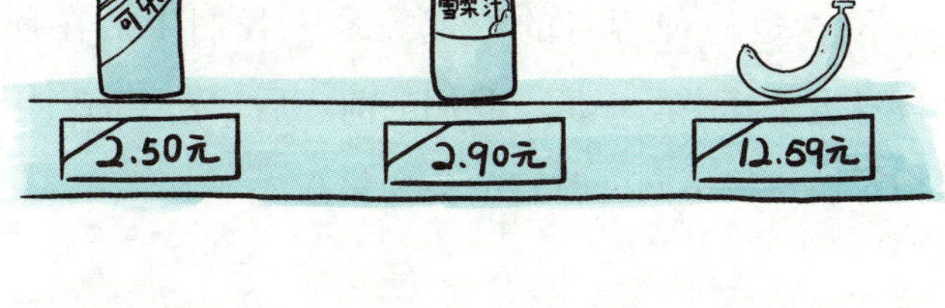

- 步骤：在超市购物时，我们发现物品的价格都是以元为单位的，如可乐2.50元，雪梨汁2.90元，香蕉12.59元。
- 交流：这样的价签表示的是多少钱？分别表示多少元多少角？
- 确认：可乐2.50元表示2元5角；雪梨汁2.90元表示2元9角；香蕉12.59元表示12元5角9分。
- 继续：你能找到3种不同商品，并且说出它们分别表示多少钱吗？
- 挑战：可乐与香蕉相比较，哪种商品贵呢？可乐与雪梨汁比较呢？你是怎么比出价钱的多少的呢？

◆ 情境二：小数的读法。

- 步骤：超市购物中，来到零食区，让孩子根据价签读出几种商品的价格。
- 交流：你是怎么读小数的？和整数的读法有什么不同？
- 确认：小数点前面的按整数的读法读，小数点读作点，小数点后面的直接读。
- 注意：小数的读数要结合生活的实际经验，多读多看即可。

6.4 购物方位图

方位，是一种相对的位置关系。我们生活在环境当中，自身也是其中的一员，我们的前、后、左、右、上、下具有相对性，在不同的时空中会变化。

◆ 情境一：认识前、后、左、右。

· **步骤**：陪孩子一起逛商场的时候，家长和孩子一起并排走，家长和孩子一起看一看、指一指、说一说自己的前面、后面、左面、右面分别是什么？

· **交流**：你是怎么找到自己的前、后、左、右的？当我们站住静止，眼睛的正前方为前面，背后的方向为后面。确认一下自己的右手和左手，右手所在的方向为右方，左手所在的方向为左方。

· **确认**：指一指、说一说自己的前、后、左、右。

· **继续**：当我们继续逛商场，逛到另一个楼层时，你前、后、左、右的事物会发生变化吗？

· **追问**：前、后、左、右的物体是一成不变的吗？它是以谁为标准说的呢？

◆ 情境二：认识上、下。

· 步骤：来到书店，家长和孩子一起看书，书架的最顶端为故事书；中间为图画书；最底端为科普书。

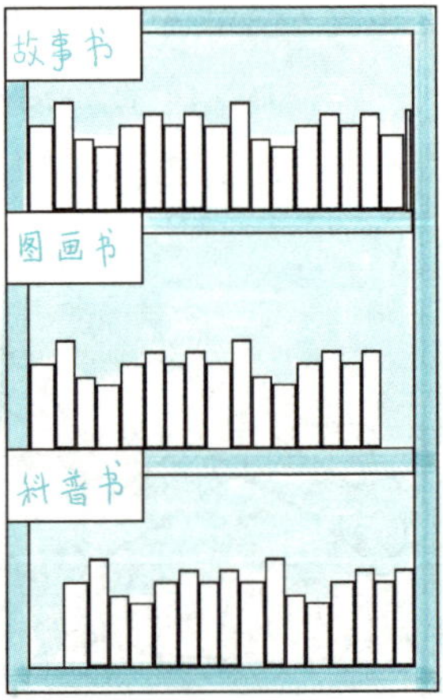

· 交流：你能指一指图画书的上面是什么书，它的下面是什么书吗？

· 确认：指一指图画书的上面是故事书，下面是科普书。

· 追问：图画书在故事书的下面，却在科普书的上面，上下是绝对的还是相对的？

6.5 估算

估算，是我们在实际生活中，根据实际的情景及已有知识对事物的数量或算式的结果做出的大概估计。在生活中，估算也极大地方便了人们的生活。

◆ 情境一：往大估，估算出要付的总价。

· 步骤：家长和孩子到超市购物，买了4个面包，面包的售价为9.50元每个。孩子能否快速估算出妈妈要给售货员阿姨多少钱？

· 交流：妈妈要给售货员的钱是准确值还是大约数值？如果要估算的话，把9.50元看作10元还是9元？

· 确认：把9.50元往大估，估成10元，那么4个10元就是40元，妈妈可以给阿姨40元。

· 追问：能否把把9.50元往小估，估成9元，可以吗？

· 继续：估算要结合实际的需要和具体的情境，使得数值好算。

◆ 情境二：估算出总价。

· 步骤：家长和孩子到超市购物，买了2个商品。洗衣液28.90元，水果22.25元，你能帮妈妈算出大概花了多少钱吗？

· 交流：洗衣液的28.90元可以看成30元，水果22.25元可以估成20元，这样总共大约花费50元。

· 确认：本次售货员共收款51.15元，离准确值很接近。

· 追问：采用了什么方法，使得估算比较准？

· 继续：本次根据具体的价格，一个往大估，一个往小估，相对准确。

PART

03

6~12 岁：小学阶段的数学学习

第八章

小学数学之学生篇——尊重中发展

学校中的数学教育应当能够激发学生的兴趣，调动学习积极性，引发数学思考，鼓励学生的创造性思维；注重培养学生良好的数学学习习惯，让学生掌握恰当的数学学习方法；给学生足够的时间和空间经历观察、实验、猜测、计算、推理、验证等探索过程。

小学阶段，数学学习学什么？

▼

A **陈老师：**义务教育阶段的数学教育是全面实现育人目标的教育，要使“人人都能获得良好的数学教育，不同的人在数学上得到不同的发展”。良好的数学教育对于学生来说是适宜的、满足发展需求的教育，特别是促进学生可持续发展的需求。

学校中的数学教育应当能够激发学生的兴趣，调动学习积极性，引发数学思考，鼓励学生的创造性思维；注重培养学生良好的数学学习习惯，让学生掌握恰当的数学学习方法；给学生足够的时间和空间经历观察、实验、猜测、计算、推理、验证等探索过程。

在学校数学课程中，围绕着“数与代数”“图形与几何”“统计与概率”“综合与实践”这四个领域展开教学，注重发展学生的**数感、符号意识、空间观念、几何直观、数据分析观念、运算能力、推理能力和模型思想。**

为了适应时代发展对人才培养的需要，数学课程还要特别注重发展学生的**应用意识**和**创新意识**。

义务教育阶段数学“十个核心”⑩概念

▼

1. 数感

学龄前儿童对数的大小、物品的多少、距离的远近的判断都是在培养数感。比如，一把豆子有多少粒？可以整体观察，先估一估，然后再数一数，比较“估”和“数”的结果，在做中学。

再比如，剧院中的座位那么多，怎么数？结合生活的场景让孩子想一想有什么方法，激发孩子思考，增长经验。

⑩ **“十个核心”**：概念引用于2011版《义务教育数学课程标准》。

2. 运算能力

学前儿童进行基本的20以内加减法的计算，让他们能够结合具体的实物，比如“小圆片”“小棍儿”“计数器”，等等。在操作中说出自己是怎么想、怎么算的。不用规范统一的方法，也不用评价方法的繁简。

给孩子保留自我认知的机会，家长再适度介绍一些方法，让孩子在实践中自己去体会，选择他们能懂的方法运用。

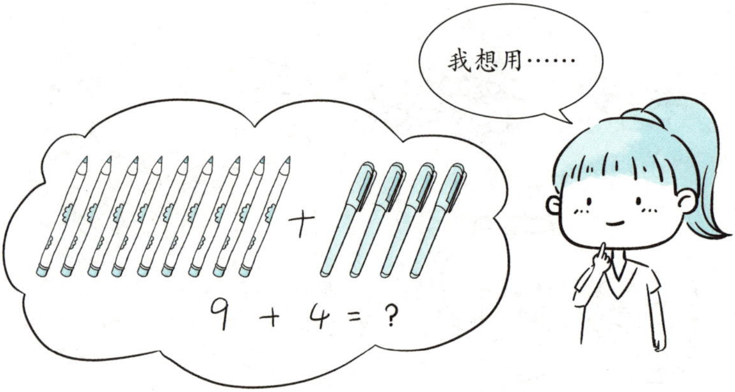

3. 符号意识

学龄前儿童认识数，从数一堆苹果、一堆梨、一些文具开始，物品是不一样的，但是数的结果是一样的，就可以用同一个数表示，逐步从具体的数，向抽象出来的数过渡。

向孩子介绍一些简单的数学符号，比如“+、-、=、>、<”，结合具体情境，再加上肢体动作（用手势摆出这些符号的样子）来认识和理解这些符号的含义。

除了这些标准的数学符号，还可以用“○”表示苹果，用“□”表示书，用“？”表示提问。在“画”的过程中，感悟符号化的作用和好处。

4. 空间观念

学前儿童借助生活场景，直观认识长方体、正方体、圆柱、圆锥，也可以介绍一些特殊形状的物体，如棱柱和棱锥等，结合具体的实物、情境，家长可以用数学化的名称介绍。但是，如果儿童还停留在他的生活用语，比如把圆柱说成“柱子”，把正方体说成“方方的块儿”，在没有“违背”数学原理的情况下也可以。慢慢转换到具体的场景中，结合现实，从数学的角度逐步建立表象，为后续形成真正数学化的表达做好准备。

依据儿童的年龄特点，在操作中建立空间表象更适合他们的特点。比如，在规定的场地上玩玩具汽车，可以感受平移，感受距离的变化、位置的变化、方向的变化等等，这些都可以促进空间观念的发展。

5．几何直观

学龄前儿童在计算加法时，指导他们用圈圈的方式表示一部分和另一部分，然后把两部分用一个更大的“圈”合在一起，使抽象的算理变得直观。

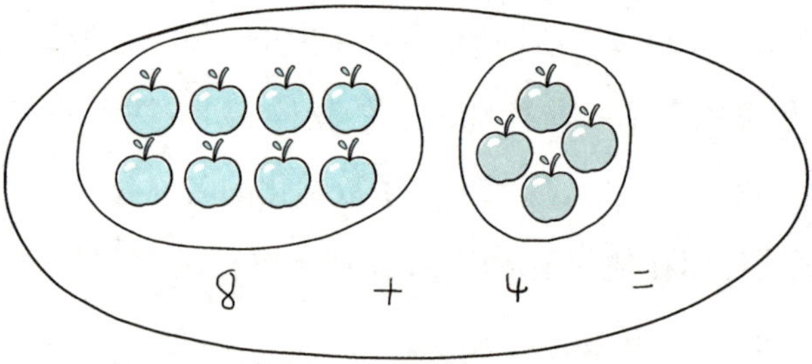

再比如，带着儿童在剧院、电影院等场景中感受一下，为什么座位票上都有两个数，一个是“几排”一个是“几号”？如果只用一个“数”表示，能不能找到座位？这些都是数学化认知的直观经验。

6. 数据分析观念

学龄前儿童可以统计一下幼儿园小朋友都喜欢看的动画片，用什么方法可以知道呢？用逐个去问的方法，还是让小朋友举手表示的方法？家长可以准备好一个简单的“统计表”，让小朋友用这个表把统计的结果记下来。

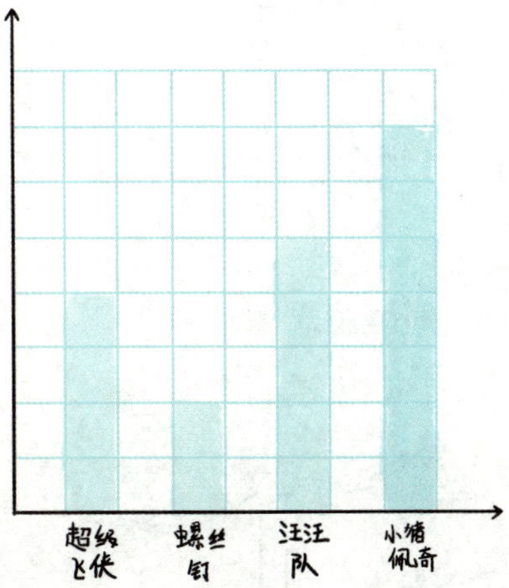

家长还可以和孩子一起，记录“一日生活的时间”，如每天练琴的时间、做游戏的时间、读书的时间，帮助孩子画好记录表，然后每天记录。这个过程既能感受时间的基本概念、数据收集的过程，还能逐步培养孩子合理安排时间的习惯。

7. 推理能力

和学龄前儿童做一做“猜猜他是谁”的游戏。说出一个熟悉的人的几个特征，猜这个人是谁，让孩子说一说怎么想的。还可以做一些猜数或是找规律的游戏，让孩子充分表达“猜”的理由，

“找”的过程，经历观察、思考、猜想、验证的过程。

1、3、5、7、( )

8. 模型思想

学龄前儿童玩的跷跷板游戏，或者是在天平左右摆物品，谁高？谁重？谁低？怎么做就一样平了？怎么做就可以由高变低了？让孩子感受相等、不相等、变成相等、变成不相等的过程，感受相互的关系，建立联系。

9. 应用意识

将生活中的问题与学龄前儿童进行交流，听听他们是怎么想的，可以怎么解决。让孩子尽可能地去“设计”方法，不要强调可行性，不要过于标准化，也不要择优，而是给孩子创设“心理安全”的交流环境，鼓励孩子敢想、多想、多表达。再鼓励孩子按照自己喜欢的方法去试试看，让他们体验过程，在经历中会有更多的发现和感悟。

像小学数学要学习的小数、分数、估算、测量、统计等，生活经验的积累会为数学化认知提供帮助，反过来有了数学化的认识，再返回生活问题的解决会深化数学的理解，形成方法和思想。

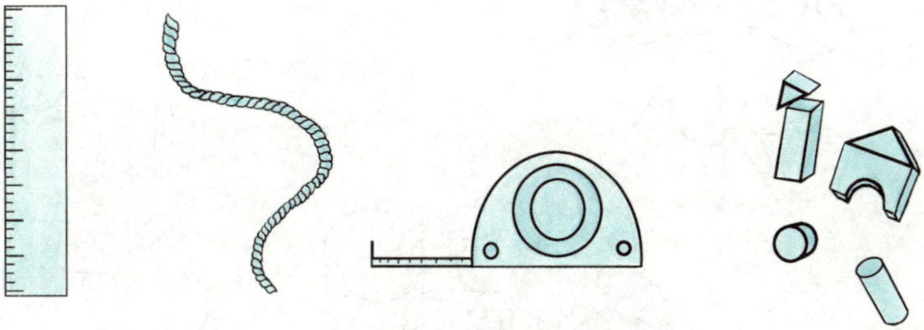

10. 创新意识

结合实际生活情境让学龄前儿童自己发现一些问题，并且从中选择一些问题去尝试解决一下，想一想先做什么，再做什么。如果问题解决不了也没关系，看看遇到了什么困难，让孩子学会观察、发现困难。

家长注意引导孩子对待困难的态度和方式，哪些是可以想办法解决的？哪些需要等一等？哪些需要找到具体的条件？让孩子有问题意识，并且对不能解决的问题也敢提出来，这样的态度、习惯很重要，是孩子创新发展的重要品格。

数学是丰富而神奇的，孩子们呢？他们是天生的探秘者，所以和孩子一起学数学，总会有不一样的风景。

小学1~6年级的数学学习内容有哪些?

▼

Q **常爸：**发展学生的数学核心素养是学校数学教育的追求，为了实现这个目标，整个基础教育阶段就会依据规律合理安排内容，每个年级的学习也会有所侧重。您能给我们家长介绍一下小学阶段每个年级的学习重点分别是什么吗?

A **陈老师：**根据《义务教育数学课程标准》，小学数学教育按照学习内容分为两个大的阶段，1~3 年级是第一学段，4~6 年级是第二学段。

1~3 年级主要让学生感受数学与日常生活的关系，体验用所学的知识和方法解决简单问题的过程，让学生获得初步的数学活动经验，进一步理解所学的数学知识。这一阶段数学学习的主要内容有数的认识、数的运算、探索规律、图形的认识、测量和运动，以及图形与位置的关系。

4~6 年级学生可以开始参与一些有目的、有设计、有步骤、有合作的实践活动，让学生依据情境体验发现问题、提出问题，分析问题、解决问题的探索过程。让他们在应用和反思中，感受知识、方法的联系，获得数学活动经验的积累。

两个阶段学习的知识领域是一样的，内容呈螺旋式深化、提升。第二学段增加了式与方程、正反比例、简单的数据统计等内容。具体要求见下表：

知识领域	知识内容	1～3年级内容	4～6年级内容
数与代数	数的认识	万以内整数的认识；分数、小数的初步认识。	万以上整数的认识；分数、小数的再认识；借助生活情境了解负数的意义。
	数的运算	两位数、三位数加减法；乘数是两位数的乘法；除数是一位数的除法。简单的同分母分数（分母小于10）加减法；结合生活情境的估算。	乘数、除数是两位数的乘除法；四则混合运算和运算定律（结合律、交换律、分配律、减法运算性质）；简单的小数、分数、百分数运算及问题解决。在具体情境中用估算解决问题。
	式与方程		在具体情境中用字母表示数、数量关系，根据等式关系列出简单的方程，并用等式性质解方程；列方程解决问题。
	正比例 反比例		在具体情境中用比、比例、正反比例解决问题，会判断数量之间的关系，还能根据图像判断量之间的关系。
	常见的量	人民币单位、时间单位、质量单位，各自单位之间的进率和换算。	
	探索规律	探索简单情境下的变化规律	探索给定情境下隐含的规律或变化趋势

续 表

知识领域	知识内容	1～3年级内容	4～6年级内容
图形与几何	图形的认识	通过实物和模型辨认几何体；从不同角度观察、辨认物体；辨认平面图形，能用平面图形拼图；认识生活情景中的角；认识长方形、正方形的特征。	结合实例认识线段、射线、直线的特点，角的分类和各种角之间的关系；知道生活情境中两条直线的位置关系，垂直与平行；认识平行四边形、三角形、梯形、圆等平面图形的特征及其计算；认识立体图形长方体、正方体、圆柱、圆锥的特征及其计算；辨认不同方向看到的物体形状图，辨认立体图形的展开图。
	测量	结合具体情境测量实物的长度，知道长度单位之间的进率和换算；结合实例认识长方形、正方形的周长和面积，知道相应的单位和换算，并进行相应的估量和计算。	会测量角；认识面积单位公顷、平方千米；圆与直径的关系；体积单位及其换算；探索立体图形的体积计算及相应的问题解决；体验不规则物体体积的测量方法。
	图形的运动	结合具体情境感受平移、旋转、轴对称现象，能辨认运动后的图形。	认识轴对称图形，会在方格纸上画简单的对称图形、平移之后的图形、放大或缩小后的图形；会画旋转90度后的图形，会设计和欣赏生活中的图案。
	图形与位置	会用上下、前后、左右描述物体的相对位置；给定东、南、西、北四个方向中的一个，辨认其余三个；知道东北、东南、西北、西南四个方向，用其描述物体的方位。	了解比例尺，对具体情境中图上距离和实际距离进行换算；根据参照点的方向和距离确定位置；描述简单的路线图，在方格上用数对表示点的对应。
统计与概率	简单的数据统计过程	根据给定标准经历收集、整理、描述和分析数据的过程；会根据情境设计简单的调查表，选择恰当的方法呈现数据收集和统计结果；用统计结果进行表达和交流。	自己制定标准，经历收集、整理、描述和分析数据的过程；会根据情境设计简单的调查表，选择恰当的方法进行数据收集。认识并选择相应的统计方式（统计表、折线统计图、条形统计图、扇形统计图）呈现统计数据，进行结果分析，能解释结果，对统计的事物进行判断和预测，用统计结果进行数学表达和交流。在具体情境中，通过试验、游戏等方法感受简单随机现象、结果发生的可能性；并对简单随机现象的发生进行定性描述，用数学方式交流。

小学数学学习关键能力的发展有哪些?

▼

Q

常爸: 小学一、二年级是学生学习能力养成的关键期,养成了好的习惯就为数学学习找到了正确的打开方式。就数学而言,有哪些学习能力需要家长在家庭中配合培养?

A

陈老师: 学习能力的培养、发展,确实关系到学生的可持续、综合发展,知识是能力发展的有效载体。

孩子进入学校成为学生,随着身份的改变、年龄的增长、认知的发展,数学全面、和谐育人的功能要在学校教育中充分体现。

在数学学习中,不仅要使学生掌握现代化生活和学习中所需要的知识与技能,更要发挥数学在培养人的思维能力和创新能力方面不可替代的作用。

数学观察的能力

让孩子用数学的眼光看问题。“数学地看”和一般地看有什么不一样呢？

一般地看，随着目光的持续、延伸，看到的东西会越来越多；而数学地看是有重点、有角度、有思路和有方法地看，能够把众多、无序、复杂的事物进行条理化、概括化，进行结构化提炼，这样就会“越看越少”了。

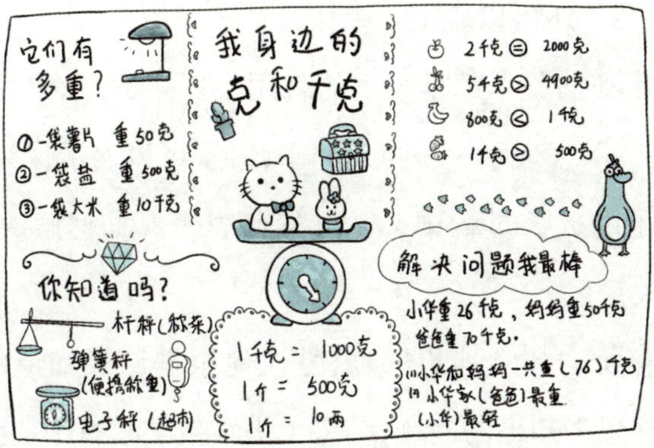

孩子的数学眼光

数学思考的能力

思维能力是人顺利完成某种活动的心理条件，是在运用原有知识有效地解决新问题时的表现。知识是思维能力的载体。

让孩子数学地想，从具体到概括、概括到抽象，再返回具体情境、问题的解决应用中，形成思想、方法和新知识、新技能。思维能力的培养需要具体的情境材料，需要问题解决的过程，需要在一个动态的过程中培养。

如认数、建立数的概念，从1个苹果、2个梨、3颗葡萄、4个桃开始，“数”和“物”都是具体对应的。

具体到概括：除了“1个苹果”，“1”还可以表示1个什么？“2”还可以表示2个什么？……

概括到抽象：都是1个的就用“1”来表示；都是2个的就用“2”来表示……再返回来，“1”可以表示什么？……

孩子的成长过程中，学会如何思考、如何解决问题是关键的关键。

让孩子“数学地想”，就是让他根据已经知道的知识、方法去推想不知道的问题、结果。小学数学教材中的找规律、分类、简单推理等，都充分体现了“数学地想”。

分类看似一个生活常识，把物品有序、按标准分开。但如果从数学的角度看，就不只停留在“分类以后物品整齐、结果清晰”了，而是强化思考：分类的标准是什么？可以有不一样的标准吗？标准不一样，分类的结果会怎样？

分类的核心思想是培养学生的“标准”意识，能够认识到“标准不同，结果不同”。所以在分类的活动中，要提供参与制定“分类标准”的活动,积累“如何思考”的经验。

数学表达的能力

让孩子“数学地表达”。孩子能够数学地看问题、数学地想问题之后，就应该让孩子数学地去表达了。不过，数学地去表达不是一蹴而就、一步到位的，因为数学语言的发展过程实际上是数学思维的发展进程。

数学表达也不仅仅表现为“说”的口头语言表达，数学符号、图表、图画、学具演示等都属于不同表现形式的数学表达,这些都是“思维外化”的表征,让学生的思维变得可视化。

培养数学表达能力很重要，数学学习中要激发学生能表达、敢表达、会表达，直至会数学地表达。

因此，要尽量多地给孩子创造说的机会，特别是针对学龄前的孩子，不设太多条条框框，让他们尽情表达，只有表达出来了才能有进一步的完善、发展。

家长切记不能用自己的经验过分地质疑孩子。发现孩子说得慢、说得不那么“合情合理”的时候，试着去理解孩子，猜猜孩子没表达出来的想法是什么。不要用“你说的是什么呀”“你别瞎说”“你说得不对”这样生硬的语言和态度，阻断了孩子的表达。

家长要放低身段，不妨以请教的姿态去鼓励孩子，“我好像有点没听明白，你可以把你刚才说的再教教我吗？”这时孩子可能就愿意继续说。因为有机会“教”家长了，他们还会努力地表达得更好。这就给了孩子再理解、再深化的机会，所以说最好的学习方式是“讲给别人听”。

家长要允许孩子用多种形式表达，在孩子说不清楚的时候让他们用“做一做、画一画、肢体表演”等表征形式。方式多样了，孩子的思想就会更开放，更有利于思维的发展。

孩子的数学“画”

数学学习就是要：给予孩子一双数学发现的眼睛，能够用数学的眼光观察世界；给予孩子一个数学思考的头脑，拥有数学的理性思维;给予孩子一张数学表达的嘴巴，清晰、完整、富有逻辑地表达他们头脑中的数学，将“看不见”的数学思维变得“听得见”。

数学教育的重要价值是培养人的思维，让孩子在数学学习的过程中获得“一生有用的态度、意识和方法”。这里的关键词是“在过程中获得”“一生有用”。

这些过程中所领会的数学思想和精神，所获得的数学素养，都会在日后的工作、生活中发挥积极作用，成为适应社会、幸福生活、快乐工作的必备品格。

小学阶段的三个“关键期”

入学阶段的适应期

A **陈老师：**成为小学生是孩子成长的重要标志。

进入小学后，他们即将进入“具体运算阶段”（皮亚杰认知发展阶段的 7~11 岁）。

心理成长上，他们走入新的生活环境，有了自己承担的责任和义务，要建立新的人际关系。

同时，他们在系统的学科学习中发展智力、形成能力，学会运用所学的知识解决简单的实际问题，并且在反思调整中初步形成思想方法、积累经验。

这么重要的开端，家长和孩子都有一种紧张、不安和期待在其中。学校什么样？老师好不好？小伙伴怎么样？孩子能不能听懂课？……

信息获取，提前了解。

家长要从自己开始，把担心变成准备，和孩子一起投入准备。

提前认识学校的周边环境，利用网络信息了解学校的特色活动和课程设置，找到与孩子兴趣点相契合的内容。

按照学校通知做好用具的准备，让孩子知道所有学具的用途和使用的范围、方法，如数学学习中常用的小棍、主题图、点子图、尺子、计数器，等等。这样也可以帮助孩子了解学习内容和方式。

制定规划，孩子“做主”。

上学要怎样学习呢？怎么听课？怎么做作业？……这些问题让孩子试着说一说，给自己提要求的过程也是思考的过程。孩子们没有直接经验，回答的也许跟实际情况毫不相关，这不要紧，只要孩子们参与了就可以。只有他们知道这事儿和他们有关系，定出来的规划才会有效益。

家长要注意，不要提太多要求，关键的要求说清楚就可以了，因为上学后老师会有具体的要求。比如上课认真看，看什么——看黑板、看老师、看书；认真听，听什么——听老师说、听同学说，听清楚了自己再说。

如果提的要求太多，又不具体，孩子就会觉得“上学很麻烦”“上学不好玩”，因此引起心理上的不安甚至产生负面情绪就不好了。

注意倾听，慎重评判。

孩子走进学校，一切都是新的开始，他们会紧张。所以每天回到家，家长要尽可能听孩子说，不要诱导性提问，避免孩子顺着家长的倾向回答，这样会扰乱孩子的独立感受和判断。

如果在与孩子交流的过程中发现问题，要延时判断，慎重评价，让孩子把事情都说完，获取完整信息后再和孩子确认其中的问题。

交流的时候慎用批评，变成问问题的方式效果会更好。比如发现孩子上课做与课堂无关的事情了，可以这样问："你做这个事儿的时候，其他同学在干什么？""这个时候是不是要按老师的要求做？你想做的这个事儿是不是可以换个时间呀？"……

给孩子感悟自己言行的机会，因为此时他可能没有意识到"不听讲"或是"不按要求做"有什么不对，在这样的问题交流中，他可能会有想法，家长的建议性问题会促使孩子进一步明确要怎么做、可以怎么做、不能怎么做。

这样可以协助孩子认识自己的言行，认识言行带来的影响，逐步学会自我约束、自我管理。

明理，一定要先明白才能讲道理，如果孩子不明白，完全沉浸在“好玩”中，就遭到了一顿批评。那么以后他就不会和你交流了。

指导交往，尊重孩子。

孩子进入新环境，小伙伴至关重要，培养孩子的交往能力可以让他更好地适应学校、班级环境，让孩子建立起心理上的安全感，才能专注地投入学习。

家长要了解孩子的伙伴是谁，喜欢一起玩的游戏是什么，等等。如果孩子和同学发生了矛盾，要在了解事情原委的情况下，问问孩子：“你有没有不对的地方，可以怎么改？”“同学哪里不对，你打算怎么做？”“好朋友应该怎么样？”“以后要注意什么？”

这些问题孩子不一定回答得全面、到位，甚至回答不出来，还有可能处于“受了委屈”的状态而不回答或情绪宣泄。这些都是正常的，等孩子平静了，家长再和孩子一起分析，回答上面的问题。有问题就有思考，有思考就有触动，有触动才能有行动。

在这里提示家长不要情绪激动，不要偏激主观，而是智慧地把问题的解决权交给孩子，在交流中给予引导，找到解决问题的方法。这看似给孩子“权利”，其实给的是责任，让他们学会对自己负责。

必要经历，形成经验。

上课听讲的效果会反映到作业中，孩子作业的数量、质量、速度、完整性，家长都要关注。透过现象一定要寻找原因。

一年级的笔头作业也许并不多，可以根据学习的内容适当做一些，因为数学还是需要独立面对问题的过程。

做作业的时间不要太长，控制在 40 分钟以内，让孩子先根据一天的学习情况，回忆需要做哪些事情，然后安排事情的先后顺序。

孩子把安排的顺序说出来后，家长如果发现不合理，可以建议改变顺序，若是孩子不同意，家长不必强求。让孩子按照自己的安排去做，给他一个经历体验的过程。然后家长提出要求，再有同样的情况，按照家长的建议来做一次，比较一下有什么不同。

经验来自经历，家长不要太心急，在没有原则性问题的情况下，该放手时放手，该有要求时有要求，让孩子在对比的体验中，学会合理安排。

数学阅读，问题解决。

数学也要阅读，因为一年级识字的进程和数学问题中需要的“识字量”不匹配，所以很多情况下教师要给学生读题。

为了尽快过渡到学生自己读题，提高分析问题的数学思考效应，家长要给孩子制定数学阅读要求。可以读数学课本，这样还有复习和预习的效果;也可以读读数学课外读本，拓展一下对新问题的理解。

阅读的水平有了提高，对数学学习会有很大的促进作用。

“淡化”结果，重视“过程”。

对于孩子入学后的数学学习成绩，家长是最看重的。

但是无论孩子成绩如何，家长必须淡定。因为开启阶段千万不要遇到困难就紧张，要将困难看成暂时的，经过适应性调整会越来越好。如果孩子成绩好，家长要鼓励，但是家长不能掉以轻心，要把关注点放在孩子学习习惯的养成上，这是持续优秀的保障。

同时，要甄别孩子是不是在“吃老本”，是学前的“知识储备”在产生效应。如何甄别呢？利用让孩子讲数学的策略，如果孩子能够讲出来、讲清楚，说明孩子在原有的基础上真的提高了。

因此，在孩子成绩面前，家长态度上要淡定，“战术”上要强化，这样不给懵懂的孩子造成负面影响，不因为暂时的问题给他们整个数学学习带来阴影。

静下心来分析孩子的问题所在，必要时和老师沟通，一起确认问题解决的办法。不放大问题，也不掩盖事实，而是缩小到“就题论题”，有针对性地进行问题探寻，系统地从根本上解决孩子的困难，这样的方式和过程是极其重要的。

三年级的发展期

Q **常爸：**进入小学三年级，有些孩子出现成绩明显下降的现象，并且这个趋势越来越明显，这是什么原因呢？

A **陈老师：**这种现象有，但是没有那么“厉害”吧？家长们可别有心理阴影，是不是还没到三年级就开始琢磨这事了？

既然这种现象有，那么就要引起注意，但是不要过于紧张。

客观上，三年级的数学知识内容更加丰富了，这对孩子来说是一个好事情，挑战性的学习意味着他们认知的成长。

比如从图形的认识来说，一、二年级侧重直观的认识，对立体图形和平面图形的认识是从生活化向数学化过渡。从孩子生活中看得见、摸得着的事物开始，将生活经验数学化。三年级教材中关于图形的认识在原有直观认识的基础上，研究图形的周长、面积、计量单位、测量等，一系列数学化空间观念建立。

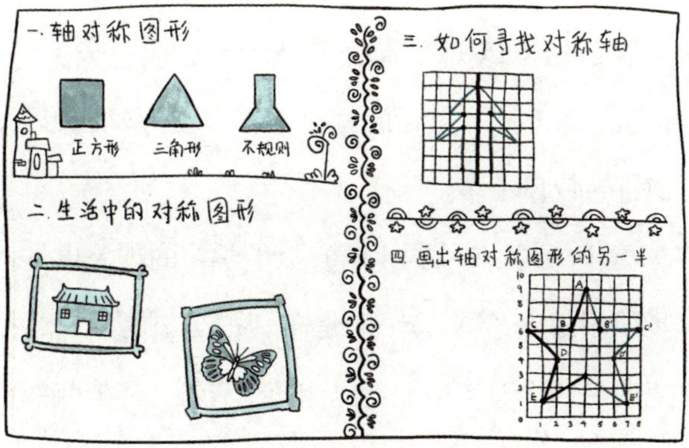

对接生活的数学

再如有关数的认识，一、二年级是整数的认识及基本的整数计算，到了三年级有了小数和分数的初步认识。数的认知领域一下子就扩展开来了，对孩子来说，就像打开了一扇大门，好多新朋友都蹦蹦跳跳进来了。孩子呢，欣喜的同时，也需要一个认识过程。

所以，从知识体系的角度看，这是一个利好趋势，孩子会借助知识水平的上升，提高他们的学习水平。

再从孩子的角度看，和他们前两年的经历有直接关系。

孩子们在一、二年级的学习中，得到的协助比较多。比如，因为识字量的问题，教师会帮助孩子读题，在考场的时候也会出现代读题目的现象。但是到了三年级，就完全由孩子独立面对，特别是考试的方式也需要孩子适应。一、二年级多采用“乐考”的方式，题目的呈现方式多是互动的形式，图文并茂，题目的数量不多。

在家庭中，家长在前两年陪着孩子学习的现象也是普遍的，因为起步阶段这是需要的。但是陪伴的方式是否合适，特别是度的把握是否合适？是不是也让孩子有了一些依赖的成分？

这并不是责怪我们的老师和家长，而是想说孩子的成长不是我们需要他独立、长大，他就一下子能达到的。到了三年级，我们认为“陪了”两年了，可以了吧？可是，要记住，扶上马，还是要送一程的。

还有一个原因，学前储备的知识提取得差不多了，三年级需要孩子们更多能力的显现了。

所以，如果知识的学习不以能力发展为目标和落实点，是没有可持续发展后劲的。

因此，按照利导思维，这种部分、暂时的滑坡现象是有价值的现象，给了我们换个角度看孩子的机会，给了孩子更好的自我成长的机会。

Q **常爸：**如果正在看这本书的读者朋友的孩子还是一、二年级的小学生，父母应该注意对症下药，看是孩子的问题还是自己的问题，懂得适时进退，尽快培养孩子的自主学习能力。但是如果孩子现在已经三年级，父母应该怎样补救呢？

A **陈老师：**正视这种现象的同时，不紧张也不懈怠，坚定信心应该让孩子独立一些了，这个过程不会太长，我们一起来促进。前两年学校教育、家庭陪伴、孩子自身的身心成长，都是积极的“量”的积累，此时到了“质”的飞跃的时刻。

要针对性地解决孩子的问题所在。重视孩子数学意识、学习方法的培养，给他们独立面对问题的机会，有经历过程，特别是调整改进的机会。这样孩子的依赖性就会消退，自制力、自信心会增强，综合能力上来了，成绩不但会停止“下滑”还会重新“上升”。

要和孩子以三年级数学内容为载体，激发孩子“讲数学”，给家长讲，给同学讲，如果有弟弟妹妹了也可以给他们讲，在讲的过程中深化理解。

给孩子运用数学知识、方法解决实际问题的机会，如“写数学”——编数学题、讲数学故事、写数学日记，等等。这更是融会贯通，提高数学能力、激发数学情感的机会。

这样看来不是单纯的补救，是一次再发展的契机。重视的是以知识为载体的学习方式的改变，重视孩子主动意识的激发，重视孩子主动学习能力的培养。

Q **常爸：**如果家长在一、二年级注意了孩子良好学习习惯的培养，孩子也可以自主完成基本的学习任务了，那是不是到了三年级家长就可以完全放手不管了？还是说，家长在每一个阶段都要去协助孩子呢？

A **陈老师：**家长的协助在每个阶段都是需要的，但是要张弛有度、侧重不同。既不能大包大揽、永远不放心，妨碍了他们的自主能力，也不能所谓地“散养”，平时撒手不管，到期末看到成绩单再跟孩子“秋后算账”。

我理解的“散养”是一种更高智慧的管理，需要在不知不觉中洞察孩子的一切，把视线拉长，该出手时正中需求，该管理时落点无误。做不到这样境界的所谓“散养”就是不负责任，是一种开脱。

教育孩子不是一件容易的事情，在学校中是这样，在家庭中更是如此。因为父母和孩子的关系是与生俱来的，全面的责任、义务、权利尽在其中。

其实父母在孩子不同的成长阶段，最重要的是用心、用情、用智慧去关注，表面上的距离可以越来越远，表面上的要求可以越来越少，但是实质上的关注却是一直存在的。

五年级的提升期

Q **常爸：**数学学习还是有明显阶段性的，一、二年级所有孩子看上去好像都差不多，都能考到 90 多分或 100 分，但是到三年级有的孩子就落后了。到了五年级，又有一批孩子学习上有些吃力了，就像我们爬山一样，有点气喘吁吁。五年级的“爬坡”与“三年级现象”之间有什么关系呢?

A **陈老师：**五年级的“爬坡”，首先与孩子认知发展的阶段性有关。

11 岁处于前运算阶段向具体运算阶段发展的转折点，所以对他们思维能力的要求自然也高了。五年级数学学习中的知识、技能、思想、方法都有这方面的集中反应。

比如，五年级从用字母表示数、简易方程、方程解决问题、正反比例开始，有一系列的代数思维的学习，孩子由先前的算术思维向初步代数思维转化，这种转化不是一蹴而就的。

在家长看来，方程多好啊！自己在帮孩子解决问题的时候，常常用方程找到答案再转回来教孩子。

这是为什么？因为习惯，家长习惯代数思维了。但孩子不是这样的，他们习惯的是在数学学习过程中强化形成的算术思维。算术思维是逆向思考，代数思维是顺向思考，思维转向对现阶段的孩子来说是困难的。

因此，我一贯认为培养孩子就必须懂得他们，五年级需要“爬坡”，就更需要理解他们究竟“吃力”在哪里，需要把着力点用在什么地方？

Q **常爸：**在人的成长节点上需要各方面加把劲儿来促进的时候，就让孩子们加把劲儿，这也是突破性发展的需要。

A **陈老师：**是的，成长需要自身的成长力，该用力时一定要努力。我们可以和孩子一起把劲儿用在着力点上，用得明白，累得才有价值。

比如，关于“图形与几何”的学习，由原来二维空间平面图形的研究，发展到三维空间立体图形的研究，空间观念的建立是个重点。

再如，分数加减乘除的计算方法、运算定律都学习了，这是小学计算的最高阶段。此时的重点是学生是否可以依据具体情况，选择恰当的方法灵活计算。

还有，加强数量关系的分析，能够从“变与不变”的角度来观察、思考；理解相等关系、不等关系，能运用等式性质解方程，能利用相等关系列方程解决问题。

将孩子的发展与知识体系的逻辑关系对接起来，需要关注他们的学习方式、思维方式，这就要突出过程性理解、对比中发展。

同时，五年级的学生要对自己有要求，要主动、精准地发现自己的问题，在课堂学习的时候有不明白的问题及时提出。能发现问题、提出问题也是一种重要的能力。

因此，不能只看到“爬坡”的费力状态，要在这个阶段付出该有的努力，有价值的付出会取得有价值的成果。

本章小结

※ 在学校数学课程中，围绕着“数与代数”“图形与几何”“统计与概率”“综合与实践”这四个领域展开教学，注重发展学生的数感、符号意识、空间观念、几何直观、数据分析观念、运算能力、推理能力和模型思想。

※ 在数学学习中，不仅要使学生掌握现代化生活和学习中所需要的知识与技能，更要发挥数学在培养人的思维能力和创新能力方面不可替代的作用。

※ 家长要允许孩子用多种形式表达，在孩子说不清楚的时候让他们用“做一做、画一画、肢体表演”等表征形式。方式多样了，孩子的思想就会更开放，更有利于思维的发展。

第九章

小学数学之家长篇——读懂中成长

在孩子面前，家长要理性，孩子需要适应，需要开启，需要“零起点”的学习之旅。这是一个旅途，不是“短跑”冲刺。

初入学，孩子成绩就不理想，怎么办？

▼

Q **常爸**：家长中，一年级新生的家长应该是最难当的，他们对孩子有太多的不放心，又有太多的期许。如果刚进入学校不久，孩子就出现了不好的成绩，这让家长太心焦了，怎么办？

A **陈老师**：刚入学的孩子对于成绩没有太多概念，家长切记不要给孩子天天灌输“100 分”的要求。

在孩子面前，家长要理性，孩子需要适应，需要开启，需要“零起点”的学习之旅。这是一个旅途，不是“短跑”冲刺。

如果小学开始孩子就出现“成绩差”的现象，我们姑且把这看成准备活动没做好，还没有进入正常的学习节奏。

很多孩子在这个时段还没有“分数”的概念，还不清楚“测验”“考试”究竟是怎么回事，所以家长一定要淡定，不给他们先入为主的负面影响，而是积极乐观地加以引导。

Q 常爸：有位同事告诉我，他孩子一年级时，平时成绩还不错。有一次数学测验竟然才刚刚及格，他心里很着急，但是当他看到卷面的时候，心情反而平静下来了。怎么回事呢？因为他发现孩子错的都是同一类题目，说明孩子在这个问题上没学懂。所以，他就给孩子把这一类问题进行了辅导，孩子明白了之后，很快就改对了，也没影响后续的学习。我觉得同事这就是抓住了关键，点对点解决了隐患。

A 陈老师：对。孩子刚入学的时候，个体发展的节奏不一定完全适应群体的学习进度，一个节奏跟不上也许就会造成知识点模糊，出现一系列的错误。如果像这位家长这样，发现错误点实际上都是同一类问题，有针对性地指导解决；而不是大惊小怪，更不给孩子贴上“数学学不好”的标签，效果就会很好。

Q 常爸：还有一种情况，孩子考试成绩看起来还不错，但其实有的知识点并没有完全掌握，只是考试的时候没遇到、没暴露。这个问题，是不是要引起家长的注意？

A 陈老师：的确存在这样的情况，这种问题不和孩子交流很难发现。所以，在初入学阶段，要真实、全面地了解孩子的学习状况，而不要只是关注学习成绩。

家长不妨隔三差五地当回学生，以请教的方式让孩子讲一讲学过的问题，看看孩子能不能讲明白。这个表达的过程就是暴露孩子是否真正理解的过程。家长在倾听的过程中，帮助孩子“链接”好知识链，将隐患消除。

孩子作业写不完，家长怎么帮？

▼

Q **常爸：**孩子上小学了，家长的烦恼越来越多，其中孩子写作业就是共同的头疼事儿。有时候时间已经很晚了，孩子作业还写不完，家长心里比孩子还着急。这个时候家长应该帮助孩子完成吗？怎么帮？

A **陈老师：**由孩子做作业引发的家庭“战争”可能是最多的，也是孩子在家中学习最大的矛盾焦点。

有的孩子的显著标志是写作业慢，已经超过入睡时间了也不能完成，还有的是家长不在身边孩子就不写。

原因是复杂的，先看看属于什么情况：偶然的作业量集中，规定时间内完成有困难；长期行为习惯造成，完成作业用时过长；已经出现学习困难，独立完成作业有难度……

根据不同原因，家长需要对症下药，才能帮得合适、有效。

如果是偶然的作业量过大造成的，比如临时留了需要花费时间比较多的特殊作业（制作小报、做问题调查等），孩子在规定的时间内完成有难度，家长问清原因后，可以斟酌一下需要帮助的点。

举个例子，比如有时候数学老师留了制作小报的作业，美术老师又布置了一项做手工作品的作业，两项作业都需要花时间搜集、整理素材，这个时候家长可以充当孩子的助手，去帮孩子做一些零碎“杂活”，如提供一下基本材料和用具供孩子选择，可以节约一部分时间。但是作品的创意构思、内容确认，还是要由孩子自行完成。

如果是学习困难造成的不能独立完成作业，就需要家长进行指导。指导既是为了完成当下的作业，也是为了解决出现的问题。所以要注意方式，要先让孩子提出问题，说出哪里不明白、不会做。从问题开始，到知识点讲解，讲解中对话，切忌直接上手帮孩子把问题解答了。

如果家长当天下班很晚，而孩子耗到深更半夜了还是没有做完作业，那么家长要在第二天跟老师沟通一下，说明孩子没有做完这次作业的原因，请老师再给孩子讲一讲问题所在，然后把作业补上。

这里提示家长，第二天孩子补完作业，家长一定要和孩子交流一下问题是不是真弄明白了。这样就把“补作业”

变成正向的帮助，可以尽快排除孩子学习中的困难。

还有一种情况是家长比较头疼的。有的孩子只要家长不在身边催着、看着，就不做作业或者拖延时间。这样的问题可能不是短期形成的，看似症状一样，但是原因可能各异。

如果是前面“学习困难”，积累了太多问题，根本就不能独立完成作业了，那就得以系统补习为主。

如果是依赖、不独立心理造成的故意磨蹭，是需要家校通力协作才能解决的。家长需要在一段时间内密切关注孩子，制定规矩并按规矩落实。最难坚持的是家长，一旦工作忙就中断了“规矩”，这对已然有惰性的孩子是个可乘之机，会越来越难改。

但有的时候家长工作实在忙，做不到一段时间的持续关注，可以暂时借助信息技术手段提示孩子、记录状况，遥控督促，一旦见面要立即兑现规则。

孩子身上形成的“顽疾”要从家长的改变开始，改变孩子更是考验家长。

当然，必要的方法指导也是很重要的，如孩子做作业的顺序不合理，要建议孩子先做会的、占用时间少的，整体估算一下时间，看看每一项完成时间和预计时间有什么不同。分析一下是之前估少了时间，还是“开小差”耽误了时间？家长的指导要有的放矢。

对于作业中不会做的先放一放，但是要做个记号，最好能明确究竟不会在什么“点”上，等作业基本都完成了，再解决这些问题。

这里要提示一下，现在帮助孩子做作业的软件比较多，只要把问题输入电子设备，就可以在线解答了。对于这些软件，如果不能完全杜绝，就不妨考虑怎样发挥其积极效应，关键看获得了结果之后怎么办。一定要让孩子“讲”数学，或是“写”数学故事。这样的做法可以检验孩子是否真明白了。

但是“讲”和“写”都要注意度的把握。依据孩子的状况，可以让他准备好了再讲，也可以在对话中听他说。

“写”数学，可以从仿写同样的问题情境，到改变情境编类似的问题，一定看清孩子的理解程度。

这个时代，孩子使用各种软件是避免不了的，坚决不用或让软件代替自己都是不可取的。合理使用，让软件给孩子提供一些思路，成为家长和孩子互动的方式之一，发挥其积极效应。

总之，做不完作业的问题，家长要找准孩子的原因，针对性地解决，但是一定不要直接代劳，帮他去做、去写，而是将自己的角色定位在协作者、指导者、管理者。

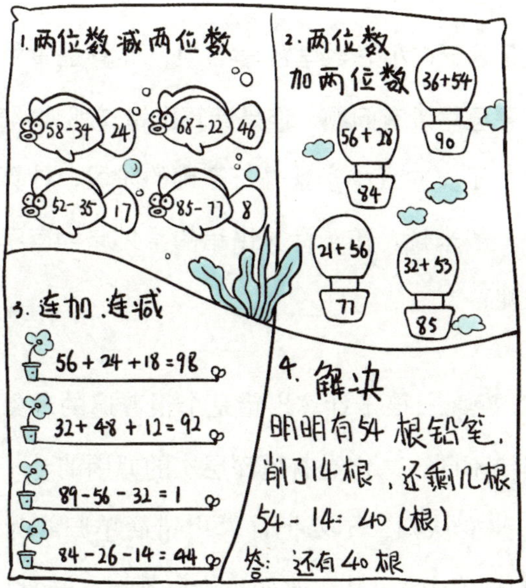

写写画画讲数学

计算总出错，怎么来克服？

▼

Q **常爸：**在小学数学的学习中，计算是重中之重。有的时候解题思路没有问题，但是计算出错，那就“千里之堤，溃于蚁穴”了。并且小学就是打基础的阶段，计算的基础必须夯实。一般来说，孩子计算出错的常见原因有哪些，应该怎样克服呢？

A **陈老师：**孩子计算出错是个很普遍的现象，总出错和偶然出错不同，一定是有更深层次的原因的。

首先改变认知，不要把计算出错简单归结为“马虎”，它是有具体原因的；其次改变行为，不要一味批评、惩罚，也不要持“自然就好了”的态度，不去了解原委。

原因一：基本计算的熟练度不够。孩子在作业量大，或是考试时间紧张时，就容易出错。

对基本计算的熟练度有适度要求。家长们可能要问了，什么样的计算速度才是“适度”的？或者更直白一点说，一分钟算对多少道题才是合格或者优秀？而我想说，我们没有必要设定这样的标准。首先，现在的课程理念是不要求计算速度的，在当今的社会发展水平下，追求计算速度也是没有意义的，电脑、计算器的速度要比人快得多，如果单纯追求速度快，直接用这些工具就好了。其次，计算速度这个问题只在小学一年级这个阶段有一点点影响，到二三年级以后，孩子如果出现学习上的困难，一般都是综合性的问题造成的，而不单单是计算速度的问题。所以，关于计算速度的问题家长不必介怀。基本计算包括“20以内进、退位加减法”“表内乘除法”，可以再提高些，像11~19的10倍以内的口算。

从不会到会再到熟练，学习是需要过程的。过程中可能还会伴随着错误，这时批评是解决不了问题的，让孩子把错题记录下来，看看错在哪里。心中有数，改进的效果会更好些。

原因二：先前错误的记忆引起混淆。如果孩子总是在某个或某几个数的计算上出问题，一般都与先前的错误记忆有关系。

举个例子，三九二十七，还是三九二十四？在孩子还没有学习乘法口诀的时候，甚至学龄前，这些“口诀”就已经成了家长对孩子进行数学早教的标志性行为。

我常看到家长在路上、车上、玩的时候，甚至饭桌上，让孩子背整个乘法口诀表，或是做口算对答。

在不理解的状况下记忆，很有可能会记错、记混，那么这些“模糊”的记忆就会在日后的计算过程中“跳出来”。我管这种现象叫“记忆提取”。

因为计算到一定程度，特别是这些常用口算，孩子就不是在算的状态下了。用孩子的话说：“一想就出来了！”是啊，我们成人不也是“一想”就得数吗？所以，孩子说的没错，这不是不认真。

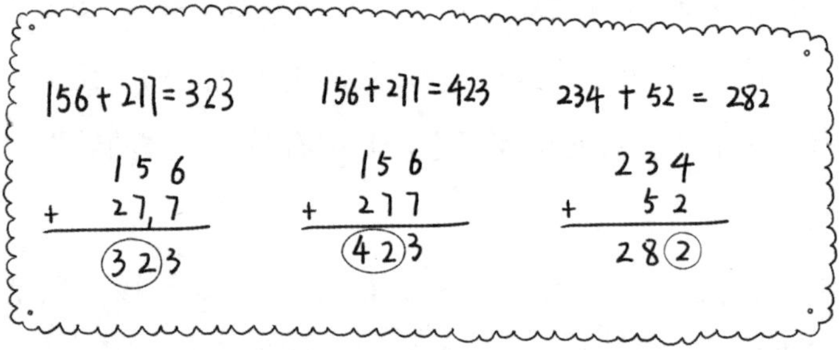

看看孩子的计算错在哪里?

这时，先前留下的记忆模糊地带，就会影响“记忆提取”的准确性。这就需要一些简单的针对性练习，比如对口令、听算的方式，既轻松又是“瞬时提取”，便于提高正确计算的熟练程度。

原因三：在数字比较大、运算步骤比较多的情况下，孩子容易出现计算错误。这个跟孩子的年龄有关，与孩子的专注力也有关系。

孩子的专注力需要自身和外部环境共同营建，随着孩子的年龄增长可以逐步提高要求。

如果孩子是因为运算量大出错的话，应当针对性地缓解孩子学习不适的感觉，比如写作业 30 分钟，可以让孩子休息 5 分钟，这样就像给手机充电一样，只不过我们给孩子充的是“专注力”，这能有效降低孩子出错的概率。

因为计算步骤太多造成的出错机会多，可以教孩子“回头看”的方法，就是在每完成一个环节之后，让孩子回头看一下上一步和下一步的联系，再继续。别小看这一“回眸”，让孩子用这样的方法“瞻前顾后”，可以有效降低出错的可能性。

孩子的数学表达能力，怎么培养？

▼

Q **常爸：**数学学习中也需要表达，陈老师说过这是思维的外化，是促进孩子思维发展的需要。那么，如何加强孩子数学表达能力的培养呢?

A **陈老师：**创造表达的机会很重要。让孩子将看到的、设计的、想到的内容，选择合适的方式表达出来。

首先，要让孩子有东西表达，要提供表达素材、情境。

然后，让孩子思考、设计问题解决的办法，并在过程中感悟。

最后，选择合适的方式表达出来。

表达可以是说的，也可以是画的，还可以是操作、制作的，关键是鼓励孩子怎么想就怎么说，怎么想就怎么做。

说的时候如果表达不清楚、不准确，可以用问问题的方式，让孩子在思考中组织语言、再表达。

“说”不清楚还可以辅以“画”，画的可以是数学的图，也可以是孩子自己创造的符号、图表，能配上他的解释，知道孩子是怎么想的就可以。

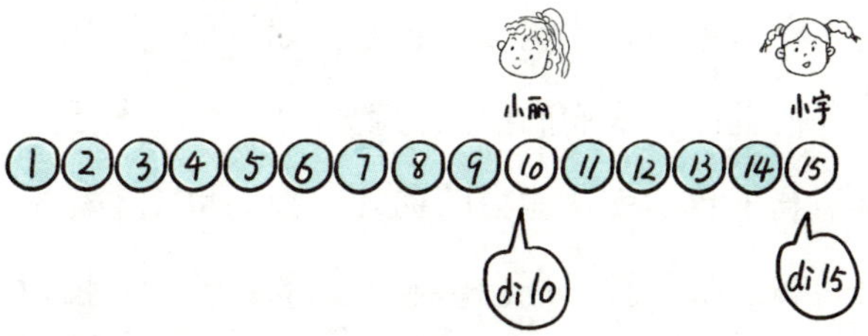

小丽第 10 名，小宇第 15 名，她们两个人之间有几人？

在图中如果出现他们自己创造的各种标识和符号，也允许，只要能够讲清楚意义，就说明理解到位。

用孩子创造的符号解释计算方法

那么,怎么看待严谨的数学语言？至于规范的数学语言，只要适度引导，就会随着数学理解的加深逐步形成。家长可以让孩子在现有的基础上再去自我完善一下，看看还有没有更好的方式。这不是对孩子没要求,而是不苛求一步完美。

这样可以让孩子放心地说，在安全的心理环境下，孩子才能注意力集中，才能深入思考。如果孩子不敢说，担心说得不好挨批评，他们的注意力就分散了，不利于理解的深入，更不利于数学表达能力的提升，我们也就不能了解孩子的真实状态。时间长了还会影响他们的数学学习情绪，总被否定怎么能喜欢呢?

鼓励是一种策略，家长一定要鼓励孩子，因为这个过程中孩子是在思考的，有思维参加的数学活动才是有效的。这种收获是家长、教师的知识灌输达不到的，它来自孩子的头脑，是内部的生发。

预习和复习，可以怎么做？

▼

Q **常爸：**我们知道在数学学习过程中预习和复习非常重要，前者有助于正式上课时知识点的分析、理解，后者对知识的消化和归纳起到很大的作用。那么，父母在辅导孩子预习和复习的时候，应该注意哪些方面呢？

A **陈老师：**先说预习。首先要着重强调一点：预习不是把课本知识提前学一遍，预习不等于提前学。

很多家长会利用暑假或寒假的时间，把孩子送到培训班提前学习，恨不得用十几天时间，把下一学期的所有课程都走马观花地学一遍，好像这样就踏实些。真心不赞成这样做。

浏览一遍新内容，心中有数是必要的。但是要注意，随着年龄增长，年级升高，让孩子学会自主预习才是关键。自主了，才能有思考，让孩子一边看，一边给自己提一些问题。

有意义的预习应该是让孩子带着问题开始新的学习。比如即将学习“圆的认识”，关于“圆”，孩子在生活和先前的学习中知道些什么，梳理一下；还想要了解什么，提出问题；看看课本上介绍了些什么，有没有回答之前的问题。对于课本中没有涉及的知识，如果想知道可以去查询，搜集、提炼还是对信息能力的培养。“圆周率”“祖冲之”“九章算术”“割圆术”等，可能都会成为激发孩子探索欲望的契机，此时数学的魅力便会悄然跃出。

这样预习，到了课堂上，孩子不但能够投入到老师的讲解中，而且还能有目标、有重点地去听课，去对比他自己得出的答案和老师讲的是不是一致，老师的方法和自己的方法有哪些不同。有心的孩子会将课内外资源对接起来，课后把自己想要进一步研究的问题延展下去，“超越”基本目标，进入个性化学习。

Q **常爸：**这样的预习好处很多，家长注意方向性引领，不用做太多具体的事儿。

A **陈老师：**是的，家长在孩子预习中所要做的是，引导孩子做好准备。

Q **常爸：**复习是一种总结，对学习也很重要，但是孩子每个阶段的能力大小不同，辅导孩子复习的时候需注意什么?

A **陈老师：**对于一、二年级的孩子，要求他们去复习，可能孩子不知道怎么做。

初始阶段，采用面对面交流的方式，让孩子举例子进行复习。比如复习“加减法的计算”，让孩子举例说说加法、减法的算理，这是计算学习的核心。举例是一种很好的检验概念理解、方法掌握的方式。这样既明确了核心的概念，也指导了孩子的学习方法。

关于检查，像“检查什么”“怎么检查”都有具体做法。检查的内容和顺序：题意理解对了吗?列式符合题目要求吗?有没有抄错数?

到了三、四年级，让孩子自己去复习。列出复习的框架：主要内容有哪些？最核心的是什么？最困难的是什么？最易错的是什么样的问题？有什么学习的窍门？

到了高年级，可以让孩子用多种方式进行复习，比如用罗列知识点、画知识归类表格、画结构图等方式。学习画思维导图的方法，尝试让孩子画这样的图，还可以梳理知识之间的关系。

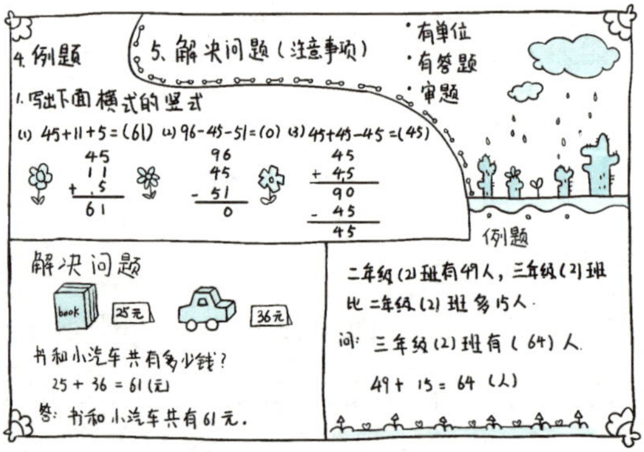

低年级学生的复习整理

复习可以培养孩子反思矫正的思维品格，养成自觉学习的习惯，掌握学习方法，学会概括、提炼，形成自己的认知体系。

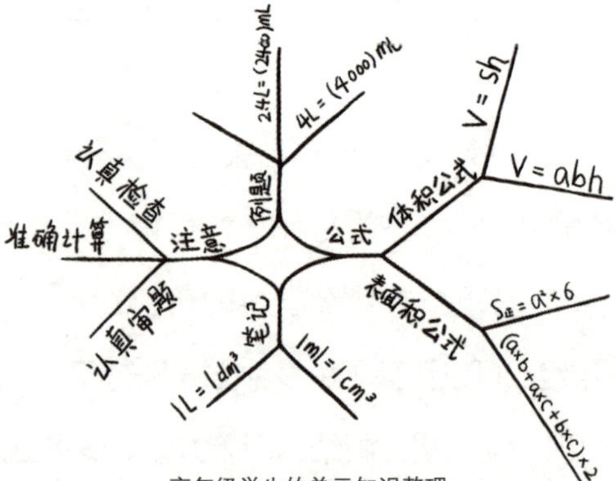

高年级学生的单元知识整理

孩子害怕难题，怎么办？

Q **常爸：** 孩子遇到不熟悉的题目时不愿意思考、害怕难题，这该怎样处理？

A **陈老师：** 孩子做题时有畏难情绪，这的确是一件妨碍孩子进步的麻烦事儿。困难在眼前，怎样才有动力去克服呢？有兴趣、有需要是关键。

如果既没有兴趣，也没需要，怎会想去克服？孩子嘛，思维方式里就是感性为主，要采取诱导的方法。比如，我们可以给孩子稍稍点拨一下，让他先理解题意，解决了这个基本问题后，再帮助孩子联想之前做过的一些题目，有什么新发现，如何解决新问题。

那些对难题有恐惧心理的孩子，可能是受挫比较多，需要找各种机会激发他们的勇气，让他们感受到来自老师和家长的肯定，被认可了才能有动力。

另外就是面对难题等一等的心理，孩子本人不着急，他知道家长比他着急，很快就会有人来帮忙的，这是一种心理依赖。

有的时候我们太着急，就加大包办的程度，还没等孩子仔细思考，就挺身而出代替孩子解决问题了。长此以往，孩子就养成了被动、依赖的习惯。

任何现象了解其背后的原因很重要，改变这样的局面需要家长的坚持。不认可孩子的家长从今天开始多鼓励孩子，不要给孩子泼冷水；焦虑的家长也要控制自己，不要充当孩子的“大脑”，要给孩子思考的机会。

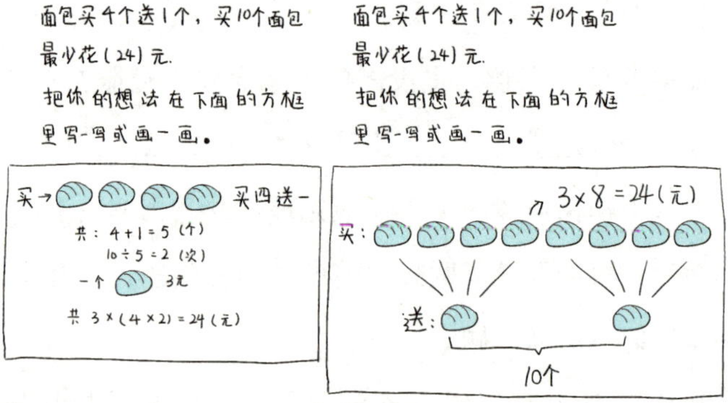

用自己的方式解决，看得见的思考过程

"错题本"怎么用?

▼

Q **常爸：**现在有些学校提倡孩子做错题整理，让孩子把自己在作业、测试中的错题整理成册，便于找出学习中的薄弱环节，尤其是数学学习的"错题本"。家长应该怎样帮助孩子发挥"错题本"的作用呢?

A **陈老师：**孩子从一年级开始就应该培养整理错题的习惯。对错题的更正一般有两种方式，一种是原题保留，在旁边写上更正的结果；另一种是在原题上直接改正。

我倾向第一种——留痕，知道错在哪里，怎么错的。这样在阶段复习的时候，先让孩子看错题本，看曾经在哪些问题上失误过，然后看看现在还有没有问题。如果没有问题了，就让孩子做个自己看得懂的记号，提醒自己不犯同类错误。如果还有问题，就作为复习的重点，针对性地解决。

Q **常爸：**这样看来，如果能将"错题本"与阶段复习结合起来，复习重点会突出，效率会更高。

孩子课上没学会，课下又不认可家长的指导，怎么办？

Q **常爸：**给孩子辅导作业时，有些家长头疼的是：给孩子讲题用了不同于老师的方法，孩子普遍都会跳出来反对，说家长讲的不对。可事实是，家长用的方法没有毛病，这种情况该如何解决呢？

A **陈老师：**的确，老师在孩子心中的位置影响着效应的产生。此时，家长不用强调自己是对的，可以先让孩子给你讲，让他说出他认可的方法。

如果家长发现孩子根本没学会，没有听懂，也不要着急，让孩子能说到什么程度就到什么程度，顺着孩子的思路试着继续沟通。

如果孩子还强调家长讲的不对、与老师讲的不一样，那就暂且放一下，将家长的方法记录好，让孩子上学后问老师，回来再沟通。

我知道有的家长可能会说：明明是一回事儿，这孩子死心眼。我们的经验要比孩子多得多，思维的发展水平也要高得多，尚处于发展阶段的孩子，不能理解很正常，没有必要跟孩子硬着来。暂时驻足，避免无效的冲突。

Q **常爸：**很多家长也是希望孩子能够在这过程中多琢磨，学到更多的方法。

A **陈老师：**家长的初衷是好的，但要注意度。家长以成人的优势、权威和视角告诉孩子什么样的方式才是最快的、效率最高的、信息量最大的，但是孩子没有体验、没有比较，就没有感受。

所以，不用着急让孩子直接找到“简便”的方法，“简便”一定是在对比中总结出来的。比较是要有对象和过程的，过程性学习和体验必不可少。

有的家长看到孩子做错了题，脱口而出：“你这么做不对，我来给你讲。”过程中，孩子还想和家长探讨几句，但是家长一句“你怎么能这么想”就会把孩子的话堵了回去。如果经常是这样的场景，那孩子就不想和家长交流了——

“你咋说就咋办”，或是“你咋说我也不办”。这些都是不好的效应。

当孩子没有按照我们的思路，或者正确的方法解决问题时，家长不妨换个角度，问问孩子：“把你的想法和我说说？”让孩子把他的想法整理一下，了解他为什么这么做，可以帮助孩子重新梳理他的思维。有的时候，孩子说着说着，不用家长说，自己就会发现哪里出现了问题。如果孩子没有发现问题，家长应该耐心听完，再指出问题所在。

别的孩子都上课外班，我家孩子不上行吗？

▼

A **陈老师：**上一些孩子需要、喜欢的课外班，可以作为正规课内学习的补充。但是，家长是否是针对孩子的需求和特点进行的选择呢？特别是那些“幼小衔接”阶段的孩子们。

每一个孩子既有其自然属性，又有其社会属性，他们是独立的、完整的、活生生的人。特别是处在成长快速期的小学生，他们具备了自己的文化背景，拥有了自己的认知观念，需要给予充分的尊重，在沟通中读懂他们的个性化需求。

“解铃还须系铃人”，去上“班”的是孩子，如果他们从心理上根本就不接受，“班”岂不是也白上了？而且会加重孩子的“逆反心理”，加深孩子对某些课程的“厌恶”，与家长的初衷背道而驰。

每一个孩子都需要内省能力的培养，需要内驱力的调动。所以家长放平心态和孩子进行平等交流，不仅是商议报什么班、什么时间上，还要触发孩子进行自我分析、自我判断、自主安排。如果不管是否符合孩子的年龄和发展，都要给孩子“补”，那就是填得太满,孩子就没有内驱力,没有需求也就没有学习的欲望了。

每一位给孩子报“班”的家长也需要问问自己真实的原因：是被大趋势左右的焦虑，是不输在起跑线上的误区，是让自己踏实的心理需要，还是“望子成龙、望女成凤”的攀比？显然，这些都不是孩子的需要，不能让孩子为此付出宝贵的休身、养心、增智、强体的假期。

让孩子们在自由的时空中读读他们爱看的书，看看他们喜欢的电影，听听他们享受的美妙音乐，走出去欣赏一下青山绿水，跑跑步、踢踢球、做做游戏，还可以走进博物馆“阅古识今”。哪怕是发发呆也是极好的,因为闲时方能遐想，进而产生奇思妙想，创新和创造都是需要自由时空的。

我还特别想和即将入学的孩子家长说一说：不要为了“占据优势”而把一年级的课本都学了，这样的“速成”既违背了孩子的认知规律，又种下了上课不听讲的隐患；不要为让孩子重视上学，就给孩子提好多要求，立好多规矩，让孩子在懵懂中就产生对学校的恐惧。

要尊重孩子的天性，唤起孩子的自然属性，呵护孩子的本性，践行家长的责任和义务，家校协同，为孩子提供适合的、可持续发展的教育。

数学阅读，有多重要？

▼

Q **常爸：**数学虽然是利用符号语言研究数量、结构及空间的一门学科，但是数学题目本身是需要一定的阅读能力的，孩子的数学成绩不好和阅读能力有没有直接的关系？

A **陈老师：**数学学习跟阅读能力密切相关。

比如，低年级孩子的识字量不够，读不懂题目，思路不明确、不连贯，所以在启蒙阶段提倡孩子在阅读中增加识字量。

到了小学中、高年级，字面的阅读不再是问题，但是理解能力还是需要在阅读中强化的。

阅读能力是长期浸染的结果，读书的方法和持续阅读的习惯很重要。

广泛阅读可以激发兴趣和进一步主动学习的需要，读的过程是理解、联系、转换，促进思维发展的过程。

主题阅读增加思维的深刻性，在阅读中沟通联系、横向比较、纵向探究，增强问题解决能力。

读书的交流分享是表达能力的展示，可开辟多种方式的交流，如读书笔记、绘画日记、故事续编等，在分享中提升阅读能力和成就感。

选择书时不要只考虑有意义，要先考虑有意思，再有意义，感兴趣后方能体会其中的价值。

从中高考改革方向上看，选择性考试，对全面发展、特色发展的既有要求又成为可能。所以书的阅读既要全面，也要突出个性化选择。

孩子“粗心”是能力问题，还是态度问题？

▼

Q **常爸：**很多家长发现，孩子无论是计算错误，还是过程错误，归根结底都是“粗心”导致的。“粗心”到底是孩子能力不足的表现，还是态度不端正诱发的失误？

A **陈老师：**孩子所谓的“粗心”是注意力、观察力和反馈能力不足的综合体现。

孩子越小，专注于一件事情的时间就越有限，有时候是持续注意的能力不够；有时候是观察的全面性不够，看着错题就是找不出来；还有的是孩子自我反馈的信号有偏差，也就是说孩子反映出来的和实际是不一致的，却执着地认为自己是对的；还有可能孩子理解了问题，但是训练比较少，还没有达到一定的熟练度。

对于观察全面性和熟练程度的问题，可以通过外部提示和内部自我调控的方法，让孩子在具体情境下练习、矫正。

如果是注意力和反馈能力不足导致的错误，需要给孩子一个相对较长的改进时间。

发展的阶段性时刻提醒我们，尊重、读懂孩子是关键。就像孩子手部精细动作发展一样，只有手部肌肉力量达到了，才能够握笔正确，写出规范的汉字来。

“粗心”这个概念是没有的，有的是孩子发展中的自然规律和具体问题，要对症解决。

面对出错的孩子，家长怎么做？

▼

Q **常爸：**孩子做数学题出错，家长应该怎么做才能起到良好的教育效果呢？

A **陈老师：**能力形成需要过程，并且具有年龄、认知的阶段性，所以持续性是很重要的。在培养的过程中，运用的方式方法，特别是孩子主动性的激发很重要。只有孩子有了体验、感受，才能逐步积累经验、形成能力。

当孩子做题出错，家长要给孩子试错的机会，要知道，错误也是一种有效的资源。

给孩子体验、尝试的机会，不怕出错。出错的地方会变成孩子印象深刻的地方，以资源的眼光看待错误，可以发挥错误资源的矫正价值。

孩子在成长的过程中会犯很多错，就像他们学会走路之前一定会跌跌撞撞摔很多个跟头一样。这是孩子以自己的方式寻找发展方向的重要经历，经历是资源。

家长不要害怕孩子出错，经验是在尝试中形成的，没有按照自己意向尝试的机会，也许暂时不会犯错，但是以后呢？没有自己从经历过的事物中提取经验的过程，怎么形成认知、形成思想方法呢？

所以家长不要太急于让孩子一下子就长大，不要阻断一切犯错的机会，也不要在出现错误之后就严加批评，而是在正视的前提下，和孩子一起分析，寻找原因，制定后续的方案和具体的调整方法。

家长有没有发现，小孩子都喜欢玩游戏？除了游戏的设计本身非常有趣之外，还有一个原因是，游戏会给孩子一种安全感。“卡住了”再来,经过一次次失败终于“过关”了，给孩子一种成就感。

孩子和成人之间不仅是年龄的差异，还有人生经历的差异。人的成长不都是在屡次尝试中，逐渐学会调整，最终内化为自己的直接经验的吗？

面对“不听话”的孩子，家长应该怎么办？

▼

Q **常爸：**孩子不听话，上了学之后让家长很烦恼，很多家长教育这样的孩子常常手足无措，具体到孩子的学习上，也很无力。面对这样不听话的孩子，家长应该怎么办呢？

A **陈老师：**有的时候，“不听话”反而是应该鼓励的，因为这样的孩子在一定程度上是在表现自己的认知。**我认为家长要给孩子坚持己见的机会，因为个性是创新的前提。**

多数情况下我们都希望孩子听话，但是听话真的绝对好吗？该听的话，关键时刻都能听得到吗？当孩子需要自己有主见的时候，是不是一下子就能有呢？

要有选择地“听话”，会选择是孩子成长的关键能力之一。要学会选择，是不是就得有自己的思考？但有自己的思考，可能就不那么听话了。试想只会听话的孩子，是不是就不会自己思考、自己选择了？

在孩子成长的关键素养中也有审辨思维，审辨意味着既能够发现认同点，也能提出问题，说明自己的依据和理由。这里就需要质疑的意识和品格，也需要释疑的能力。

能力的发展需要环境，在环境中观察、提出问题、尝试解决、再次质疑、沟通反思。最终，无论是自己调整，还是获得了别人的认可，都需要循环往复的过程，需要空间和时间。

家长应该做的是多观察、了解孩子，不管是启蒙教育还是小学阶段，“度”的把握是关键。允许孩子有自己的主见，并且在适度的情况下按照“一己之见”去实施。你会发现，孩子的表现比我们想象中的要好得多。

如果个性保护和发展得好，会成为孩子身上一抹亮丽的色彩，会成为创新的萌芽。

Q **常爸：**我们给孩子最好的教育是释放天性、开发潜能，尊重孩子的认知发展，提供成长的时空。把家长的精心、用心、细心放在需要协助的时候。过程中的经验需要在过程中获得。

关于小学“奥数”不得不说的观点

▼

Q **常爸：**我身边有很多朋友，孩子一上小学，就把孩子送到培训班里去上奥数课，有些孩子学得并不是很好，但是家长却说：不管怎样，奥数可以锻炼孩子的思维。

A **陈老师：**我这里说到的奥数，必须和社会上培训班里的“奥数”区分开来。

奥林匹克数学（1956 年，前苏联人首创了这个名词），是面对在数学方面有一定天赋和爱好的孩子的。比如 2018 年的世界数学菲尔兹奖（常被视为数学界的诺贝尔奖）得主，就是一位参加过四次国际数学奥林匹克竞赛的德国青年（舒尔茨，2004—2007，一银三金），他一直热爱数学，如今得了世界最重要的数学大奖。

因此，我说的是摒弃了“功利”的奥数，是像奥林匹克体育一样的奥林匹克数学。

首先，我认为奥数是“不平等”的，不是所有的孩子都适合去学习，也不是所有的孩子都能在奥数领域取得成就。

就像我们每个人必须在小学、初中、高中每个阶段的体质测评中达标，但不是每个人都能够成为运动员。最终成为运动员的人，一定是肌能、体能、运动技能、运动心理等都超过普通人的运动智能优势发展的人。

数理逻辑能力和运动能力类似，有一部分孩子在数理逻辑方面有优势发展的趋势，有一部分在后天培养中对数学有极高的兴趣，那么奥数就适合这些孩子来学习。因为奥林匹克数学是以激发世界少年的数学才能、引起少年对数学的兴趣、发现科技人才的后备军、促进世界各国数学教育的交流与发展为目标。

其次，适合孩子学习的奥数，应当是没有受到功利导向扭曲的对基础数学的思想、方法延展和深化的数学；是与学校数学密切对接，又高于一般数学的，挑战性、创新性问题的解决。不是为了迎合比赛、选拔、特殊升学等需求，而出现的那些“变异”题目。

所以我还是提倡有数学天赋和兴趣的孩子，可以去学习奥数，这就像有的孩子爱唱歌，有的孩子喜欢弹钢琴，有的孩子适合打篮球一样，爱数学的孩子就去开开心心学数学。因为数学是一切科学的基础，是“高科技”的本质，是当下孩子成为国之栋梁、科技强国的重器。

同时，我也表明，就像爱跳舞的孩子以后不一定要做舞蹈家一样，数学学得好也不一定要去当数学家。但是这种数学思维和解决问题的能力，以及数学学习过程中形成的数学品格，会在日后的工作、生活中全面呈现。

比如，思维的深刻性、面对挑战不畏惧的数学品格、数学的逻辑性，致使做事更有条理性，构思和联想的能力更强，这会对所有学科的学习都有用，对各行各业乃至生活、工作都有积极的效应。

我知道，很多地方充斥着“功利奥数”，造成大家对真正奥数的误解很深。这些误解不是奥数本身的问题，是利用奥数而另有极强功利目的的方式、行为，造成的社会影响。

奥数和学习负担重的种种现象一样，不是培养引出的问题，而是“选拔”带来的负面效应，此时选择就很重要了。心若不动，风又奈何？

因此，与其问要不要让孩子去学习奥数，不妨给孩子一次发现自己潜能的机会，给孩子一次发现数学真奇妙的契机。当孩子与数学彼此“爱上”时，就让他们携手同行吧！

当然，期间可能会有磕磕绊绊，会有“七年之痒”，但是最重要是目标始终一致，剩下的就是在调整、解决中坚持下去。任何成功都是需要历练的。

但是如果“貌合神离”了，甚至有受伤的迹象，那就退回到义务教育阶段的基础教育，保持基本的数学素质发展，也完全可以成为全面、可持续发展的人。

学问、学识需要科学严谨，做事、做人需要实事求是。

怎样培养孩子的几何能力?

▼

A **陈老师：**孩子进入小学后，一二年级的几何学习是从三维立体图形的直观认识开始，然后到二维的平面图形，以顺应孩子的认知发展规律。到了三四年级，才会从点、线、面、角等角度数学化地建立几何概念，来认识图形的特征和关系。到五六年级时，又会回到三维空间，进行数学化的度量，根据图形特征和关系进行面积、体积的测量、计算。所以整个小学阶段的图形与几何学习，以直观几何为主，此时，通过观察、操作进行的各种感知觉的活动就显得尤为重要和有价值。

与数的认知及其计算相比，孩子空间观念的发展相对缓慢，而且更具年龄特征，所以孩子在学习几何的过程中会感觉困难一些。要培养孩子的几何直观和空间观念，有下面几种途径。

第一，引导孩子从观察生活中的空间物体和几何图形开始。

生活中的物品几乎都是孩子可以观察到的几何图形，所以家长有丰富的素材让孩子去观察。在这个过程中，家长可以告知孩子这些物品的“标准”数学名称，比如：皮球、乒乓球都是球体，桌面是圆形或者长方形……让孩子逐步把眼前的物体和数学化的名词、术语对应起来。不过要注意的是，家长不要硬性要求孩子记住这些名词、术语，只需看似无意实则有意地引导、渗透即可。至于孩子，在这样的交流中，他们会渐渐地把这些“术语”纳入自己的话语体系中。

第二，引导孩子在观察中比较空间物体和几何图形的异同。

日常生活中，家长可以鼓励孩子运用各种感官去认识周围的空间物体。比如：让孩子说说摸着篮球时的感觉是怎样的？触摸桌面的边和角是什么感觉？……

把各种具体的物品放在一起，按照物体的形状怎么分类呢？为什么这么分？这些物品的形状哪里一样，哪里不同？长方体的电视机和长方形的桌面一样吗？正方形的纸和正方体的魔方有什么相同的地方呢？等等。以引导为主，家长可以讲述一些关键的特征，让孩子在感官的作用下，去发现、去体悟，而不是让孩子强行记忆。

比较空间图形的不同，还可以通过分类的方法。分类是让孩子按标准辨认，这个标准就是物体和图形的显著特征。可以先和孩子一起制定分类的标准，分类的标准可以多样，标准不同，分类的结果就不一样。比如，可以根据有几个面或是有几条边来分，也可以根据有几个尖尖的角来分，等等。让孩子在观察、比较中确认。

第三，创造环境，让孩子在游戏的过程中增强对空间和几何图形的感知觉。

搭积木是建立孩子空间观念的方法之一。我所说的积木就是最普通的那种木头块儿或者塑料块儿。在搭建的过程中，孩子需要观察积木的形状和触摸积木，思考怎么摆、怎么放，什么样的形状放在下面、什么样的形状可以放在上面，怎样可以稳定，等等。这些都需要在思考中尝试，在尝试中思考。数学学习最有效的方式就是“孩子在思考”！

比如,三角的积木有“尖”,要把它的“尖”放在最上面，或者把积木变换一个方向，让“尖”不影响下一块积木的摆放。渐渐地，孩子在搭积木的过程中，逐步学会观察、辨认各种形状的物体。

玩七巧板也是一样的道理。这是一种平面图形的拼接游戏，孩子可以在接、拼的过程中辨认不同形状的特点，包括边的数量和长短、角的数量和样子等，根据图形之间的关系进行对接和组合。

还可以让孩子剪纸或者画画。让孩子剪出或画出生活中的三角形、长方形和圆形等，这个过程也是孩子眼中的物体和图形与他们脑中的图形表象进行匹配的过程。通过操作的方式来促进空间观念的建立，不生硬也不“逾越”孩子的认知发展规律，是一种有效的促进。

包装盒也是孩子学习几何图形的好素材。孩子可以把盒子拿在手里，上下、左右、前后全方位地观察，还可以把盒子拆开、铺平，图形三维到二维的转换在不经意间发生了，再把盒子还原……这个过程既直观又好玩，还经济实惠，也是锻炼孩子空间想象力的好方法。

数学公式太多，孩子记不住该怎么办?

▼

Q **常爸：**数学公式是数学这门学科的学习重点之一，几乎每一道题都或多或少会用到公式。小学阶段需要学习的公式很多，有的孩子记不住该怎么办?

A **陈老师：**小学涉及的数学公式有两类，一类是运算当中的定律，比如，加法的交换律和结合律，加法和乘法的分配律，减法运算性质等；另一类是图形与几何中的测量和求积计算，包括平面图形的周长、面积，立体图形的表面积和体积，等等。**孩子在掌握这些公式时出现困难，其实不是简单的记忆不牢的问题，而是理解问题，特别是过程中的理解不到位，没有明白这些公式是怎么来的。**

教学中我们会和孩子一起探索公式的形成过程，一起经历规律的提炼和方法的推导过程。如在学习运算定律中加法的交换律时，创设具体的情境，在运用加法进行问题解决的过程中，看到有“交换加数位置和不变”的现象，然后再分析、比较，在具体的例子中确认规律。通过“从特殊到一般”的归纳法得到结论，这是一个合情推理的过程。

如果说孩子对运算定律产生了记忆混淆的问题，那说明“规律”确认的过程可能存在问题，这个时候该怎么办呢？最好的办法就是退回“原点”，让孩子再经历一遍推导的全过程，直到孩子能够自己举例，就说明理解公式代表的规律了。

有关图形的计算公式更是如此，如果孩子在这方面有困难，那不妨再去推导一次公式。

举个例子，三角形面积的计算公式是“底 × 高 ÷2”，很多孩子会忘记除以 2。这个时候让孩子借助“三角形面积公式”的推导过程，把两个完全相同的三角形拼成一个平行四边形或者长方形，拼的图形与原来的三角形是怎样的关系？“底 × 高”得到的是什么？要算三角形的面积为什么要除以 2？通过这个过程，孩子在头脑中建立了“形与数”对应的表象。

所有的公式不是单纯地告知、要求记忆就可以了，要让孩子在恰当的情境中，经历发现问题、感悟、归纳、提炼的过程，再通过举例验证。这样，孩子获得的才不仅是结论，还有数学学习的方法和经验，并进一步形成数学地看、数学地想、数学地表达的数学素养。

本章小结

※ 如果小学开始孩子就出现“成绩差”的现象，我们姑且把这看成准备活动没做好，还没有进入正常的学习节奏。

※ 家长需要在一段时间内密切关注孩子，制定规矩并按规矩落实。最难坚持的是家长，一旦工作忙就中断了“规矩”，这对已然有惰性的孩子是个可乘之机，会越来越难改。

※ 这个时代，孩子使用各种软件是避免不了的，坚决不用或让软件代替自己都是不可取的。合理使用，让软件给孩子提供一些思路，成为家长和孩子互动的方式之一，发挥其积极效应。

※ 鼓励是一种策略，家长一定要鼓励孩子，因为这个过程中孩子是在思考的，有思维参加的数学活动才是有效的。

※ 家长要给孩子坚持己见的机会，因为个性是创新的前提。

※ 家长应该做的是多观察、了解孩子，不管是启蒙教育还是小学阶段，“度”的把握是关键。

图书在版编目(CIP)数据

每个孩子都能学好数学 / 陈凤伟, 常青藤爸爸著 . — 武汉 : 长江少年儿童出版社 , 2019.1
ISBN 978-7-5560-9015-0

Ⅰ. ①每… Ⅱ. ①陈… ②常… Ⅲ. ①数学课 – 学前教育 – 教学参考资料 Ⅳ. ①G613.4

中国版本图书馆CIP数据核字(2018)第269619号

每个孩子都能学好数学

陈凤伟　常青藤爸爸 / 著
责任编辑 / 傅一新　陈 晶　马瑞芬
特约编辑 / 姚 兰　马学梅
装帧设计 / 钮 灵　美术编辑 / 魏孜子
出版发行 / 长江少年儿童出版社
经销 / 全国新华书店
印刷 / 深圳当纳利印刷有限公司
开本 / 880×1230　1 / 32　7.375印张
版次 / 2019年4月第1版第4次印刷
书号 / ISBN 978-7-5560-9015-0
定价 / 45.00元

策划 / 海豚传媒股份有限公司 (19043131)
网址 / www.dolphinmedia.cn　邮箱 / dolphinmedia@vip.163.com
阅读咨询热线 / 027-87391723　销售热线 / 027-87396822
海豚传媒常年法律顾问 / 湖北珞珈律师事务所 王清 027-68754966-227
图片来源 / 123RF　插画 / 常青藤爸爸动画组